그러니까
상상하라

고즈윈은 좋은책을 읽는 독자를 섬깁니다.
당신을 닮은 좋은책―고즈윈

그러니까 상상하라

최윤규 글 · 그림

1판 1쇄 발행 | 2012. 10. 2.
1판 2쇄 발행 | 2016. 1. 21.
저작권자 ⓒ 2012 최윤규
이 책의 저작권자는 위와 같습니다. 저작권자의 동의 없이
내용의 일부를 인용하거나 빌려쓰는 것을 금합니다.
Copyright ⓒ 2012 by Choi, Yun Gyu
All rights reserved including the rights of reproduction
in whole or in part in any form. Printed in KOREA.

발행처 | 고즈윈
발행인 | 고세규
신고번호 | 제313-2004-00095호
신고일자 | 2004. 4. 21.
(121-896) 서울특별시 마포구 동교로13길 34(서교동 474-13)
전화 02)325-5676 팩시밀리 02)333-5980
값은 표지에 있습니다.

ISBN 978-89-92975-64-3

고즈윈은 항상 책을 읽는 독자의 기쁨을 생각합니다.
고즈윈은 좋은책이 독자에게 행복을 전달한다고 믿습니다.

아이디어가 술술 풀리는 45가지 상상훈련

그러니까 상상하라

최윤규 글·그림

갓스윈
God's Win

영화 〈마다가스카 2〉를 보면 동물원의 절친한 친구
사자 알렉스와 얼룩말 마티가 어느 날 밀림에서 헤어지게 된다.
마티를 찾던 알렉스는 수백 마리의 얼룩말 무리를 만나게 된다.
그 많은 얼룩말 속에서 알렉스는 마티를 금방 찾아낸다.
"어떻게 날 찾았니?"라고 마티가 묻자 알렉스가 대답한다.
"다른 얼룩말들은 까만 바탕에 흰 줄인데,
넌 흰 바탕에 까만 줄이야!"

다름을 인정할 때 창의성이 나온다.
다름을 이해할 때 상상력이 발휘된다.

사람들은 궁금해한다.
"어떻게 해야 창의성이 생기나요?"
"상상력은 화장실에서 나온다면서요?"
기업의 CEO들은 말한다.
"창의적인 인재를 영입해라. 돈은 얼마가 들어도 상관없다."
언론 매체에서는 보도한다.
"이대로는 안 된다. 창의성과 상상력만이 미래를 지배한다."
"왜 우리나라에서는 스티브 잡스 같은 사람이 나오지 않는가?"
코펜하겐 미래학 연구소에서는 다음과 같은 발표를 했다.
"산업사회를 지나 정보화 사회를 거쳐서 이제 상상력 사회로 진입하
고 있으며 그에 대한 준비를 해야 한다."

창의성과 상상력을 기르기 위해서는 무엇을 준비하고, 무엇을 공부
해야 하며, 무엇을 실천해야 하는가?

이에 관한 책 100권을 쌓아 두고 읽어도 알 듯 말 듯 하다. 마음만 다급해지고, 창의성과 상상력이 필요하다는 인식만 쌓여 간다. 책들마다 창의성과 상상력을 기르는 일의 중요성을 강조하고 있기는 하지만 도대체 어떻게 해야 하는지에 대해서는 구체적으로 알려 주지 않는다.

이 책은 영국 인디펜던트가 선정한 '세상을 바꾼 발명품 100가지' 중 45가지를 주요 소재로 하여 새로운 관점에서 사물을 보고 아이디어를 확장시켜 나가는 다양한 방법을 담고 있다. 아이디어를 이끌어 내는 과정과 방법을 구체적으로 제시하여 독자들 또한 상상력을 키울 수 있도록 한 것이다. 무엇보다도 이러한 상상의 기술들을 독자들이 쉽게 익힐 수 있도록 저자의 경험을 토대로 한 이야기와 그림으로 경쾌하게 풀어서 설명하였다.

이 책은 전문 지식을 배우기 위한 책이 아니라 현재 자신의 관점을 새롭게 바꾸고, 바뀐 관점으로 사물을 보는 훈련을 할 수 있게 도와주는 책이다. 논리적으로 접근하기보다 마음과 생각을 열고 읽기를 권한다.

그렇다면 정말 얼룩말의 바탕은 무슨 색일까?

미술학원에 다니는 둘째 아들에게 물어보았더니 얼룩말의 바탕색은 흰색이라고 한다. 그림 그릴 때 흰색 바탕에 검정색을 칠하면 쉽지만, 검정색 바탕에 흰색을 칠하면 어렵기 때문이라면서.

어느 모임에서 CEO 한 분은 다음과 같은 말을 하였다.

"일본의 한 대학교에서 '얼룩말의 바탕색은 무엇인지 논술하시오'라는 시험 문제를 냈다고 합니다. 물론 정답을 원하기보다는 학생들이 자신의 생각과 논리를 어떻게 풀어내는가를 평가하려는 문제였지요."

실제 그 대학에서는 얼룩말의 털을 깎아 보니 피부가 검은색이었다고 한다.

똑같은 사물일지라도 사람마다 다르게 보는 것은 상상력이 있기 때문이다.

창의성과 상상력의 본질은
다르게 보는 눈이다.

이제 준비가 되었다면, '사람들은 모두 다르다. 이 세상 사물들은 모두 다르다'는 관점으로 시작하자.

미래는 상상력의 시대이며, 상상력이 곧 경쟁력이다. 기술과 문명이 발달할수록 기계가 할 수 없는 일을 하는 사람이 대접받는다. 따라서 세상을 보는 관점을 바꾸어야 한다. 타인은 나와 다른 눈으로 세상을 본다고 인식하는 순간, 새로운 방식으로 세상을 바라볼 수 있다.

보는 눈이 바뀌면 생각이 바뀐다. 사물이 바뀐다. 세상이 바뀐다. 바뀐 세상엔 새로운 아이디어가 필요하다. 이때 필요한 것이 바로 창의성이고 상상력이다.

최윤규

차 례

2부 세상에 없던 것을 꿈꾸다

3부 예측 불가능한 상황을 상상하다

4부 상상하면 이루어진다

5부 상상력은 지식이 아니라 지혜다

신선한 생각의 보관소

고대 중국에서는 석빙고를 이용하였고, 1876년 독일의 칼 린데가 암모니아를 냉각제로 사용하는 압축냉장장치를 발명하였다. 1913년 최초의 가정용 전기냉장고가 미국에서 출시되면서 냉장고는 생활의 필수품이 되었다. 우리나라에서는 1964년 주식회사 금성에서 처음 생산하였으며, 현재 삼성과 LG가 세계 시장을 주름잡고 있다.

초등학교 시절 아버지께서 간경화증으로 몹시 편찮으셨다. 부모님께서는 전국에 용하다는 병원을 찾아나니셨고 나는 작은아비지 댁에 맡겨지게 되었다.

어머니는 아들을 맡겨 놓은 미안함에 1주일이나 2주일 치 도시락 반찬을 만들어 작은아버지 댁으로 가져오시곤 하셨다. 가난한 시골 살림에 어쩌다가 오뎅 반찬이 나오면 행복했다.

무더웠던 어느 여름날 학교에 가려고 책가방을 챙기는데 부엌에서 도시락을 싸시는 숙모의 모습이 보였다. 숙모는 어머니께서 해 오신 오뎅 반찬 통에서 오뎅을 골라 내 도시락에 담고 계셨다. 그냥 담으면 되지 왜 골라서 담을까 궁금해서 몰래 들여다보니 습한 여름 날씨 때문에 오뎅에 곰팡이가 피어 있었다.

학교 점심시간에 나는 눈물을 참으며 그 오뎅을 다 먹었다. 어머니께서 해 주신 것이기 때문에. 그리고도 곰팡이 핀 오뎅 반찬을 며칠 더 싸가지고 다녔다.

그 당시 냉장고가 있었더라면······.

어머니께서는 처음 냉장고를 사 놓고 매일 몇 번이나 수건으로 닦으셨다. 그리고 겨울철엔 전원을 꺼 두었는데, 전기세를 아끼려는 생각도 있었지만 사실 넣어둘 음식이 없어서였다.

머릿속 곰팡이는 버리자. 가치 없고 쓸모없는 것들은 버리자.
신선한 생각을 보관하는 냉장고 하나 설치하자.

냉장고는 발전을 거듭했다. 가정용 냉장고, 업무용 냉장고, 화장품용 냉장고, 1인 가구용 소형 냉장고, 반찬용 냉장고, 와인 냉장고, 김치 냉장고, 쌀 냉장고, 맥주 냉장고, 꽃 냉장고, 심지어는 혈액 보관 냉장고, 시체 보관 냉장고, DNA 보관 냉장고도 나왔다.

아직 나오지 않은 냉장고에는 무엇이 있을까?

사막이 있는 중동과 인도는 물이 부족하고 덥다. 그래서 냉장고를 자주 못 열도록 '자물쇠 냉장고'를 만들었다. 또한 중동인들이 우리나라의 김치처럼 대추야자를 즐겨 먹는 점에 착안하여 대추야자를 신선하게 보관하는 '대추야자 냉장고'를 만들었다.

각 나라의 문화와 생활 습관을 이해한다면 없어서 못 파는 제품을 생산할 수 있다.

냉장고 + 인터넷 = ?

2010년 5월에 벨 연구소는 다음과 같은 발표를 하였다.

"10년 안에 모든 사물 지능 통신, 클라우드 컴퓨팅, 홈네트워크 서비스 등 1000억대 이상의 기기들이 인터넷에 연결될 것이다."

IT 디바이스 수는 10년 단위로 10배로 성장하고 있다. 80년대 천만 개, 90년대 1억 개, 2000년에 10억 개, 2010년에 100억 개로 늘어났다. 디바이스 수가 사람의 수를 능가하면서, 이제 미래는 인터넷을 뛰어넘어 전 세계 모든 제품이 하나로 연결되는 혁신을 불러올 것이다.

모든 사물이 인터넷과 연결되어 스스로 작동하는 날이 도래할 것이다!

냉장고가 부족한 물품을 직접 주문하고, 유통기한을 주인에게 알려
주고, A/S 센터에 연락해서 스스로 고장을 수리하는 시대가 다가오고
있다.
그 시대가 오면 우리는 무엇을 해야 하는가?
새로운 기회를 어떻게 잡을 것인가?

아이들과 함께 본 만화 영화 속에서 한 과학자가 이렇게 말했다.

"여러분, 이제 모든 가전제품에는 저희 무선통신 칩이 장착될 것입니다. 이 무선 칩이 커피 머신에 장착되면 커피 재고량을 스스로 파악해서 커피가 떨어지기 전에 자동으로 쇼핑몰에 주문을 하게 됩니다."

만화 속 상상이 현실이 되고 있다.

어디를 가리키는가

11세기 송나라 사람 심괄은 〈몽계필담(夢溪筆談)〉에서 자침이 대략 남 북을 지시하고 그 남북 방향이 진남북(眞南北)과 약간 다르다는 것을 최 초로 기술하였다. 당시 중국에서는 자침을 지남철(指南鐵) 또는 지남차 (指南車)라고 불렀으며, 가벼운 갈대 또는 나무 등에 붙여서 물에 띄워 주택의 방향을 보는 데 사용하였다. 오늘날의 자기나침반은 1302년 이 탈리아인 플라비오 조야가 제작한 것으로 알려진다.

나침반의 N극은 왜 북쪽을 가리키는가?

자석의 성질을 갖는 나침반 바늘은 N극과 S극으로 나뉘는데 빨간색인 N극이 가리키는 방향이 북쪽이고 파란색인 S극이 가리키는 방향이 남쪽이다. 자석의 성질을 알면 지구의 북극이 S극, 남극이 N극이라는 판단이 생길 것이다.

윌리엄 길버트

나침반이 무엇인가 정의해 보라.

나침반은 방위를 가리키는 기계이다.   (X)
나침반은 미지의 세계에 도전하는 용기를 불러일으키는 원동력이다. (O)

나침반이 없었다면 위대한 탐험가들은 나오지 못했을 것이다. 인류
가 두려움 없이 바다로 나아가 세상을 탐험할 수 있었던 것은 바로 나
침반 덕분이다.

당신의 가슴속에는 나침반이 있는가?
어떤 역경이 있어도
꿈을 향해 나아갈
올바른 방향이 있는가?

나침반은 배의 영혼이다 _빅토르 위고

나침반을 활용한 제품들   내가 만들어 보는 제품들

나침반 +

등산복
필통
볼펜
야광지도
휴대전화
내비게이션
랜턴
야전삽
등산용 지팡이

나침반 +

영화 〈캐리비안의 해적〉을 보면

엘리자베스가 약혼자 윌을 찾기 위해 약삭빠른 해적 선장 잭 스패로우에게서 나침반을 훔치려 한다. 이때 잭이 말한다.

"이 나침반은 북쪽을 안 가리켜! 훔쳐도 소용없어."
"그럼, 어딜 가리키지?"
"주인이 원하는 방향을 가리키지."

꿈을 향해 흔들림 없이 나아가다 보면
어느새 당신은 누군가의
나침반이 되어 있을 것이다.

〈개그콘서트〉의 한 코너였던
'극과 극'에서는 개그맨들이 자석으로 분장하고 나와 같은 극끼리는
밀어내고 다른 극끼리는 잡아당기는 장면을 연출했었다.

세월이 흘러 인생의 연륜을 조금이나마 쌓을 수 있었다면
이제 사람들을 밀어내는 일을 그만 하고 싶다.
모두를 받아들이는 여유를 가지고 싶다.

머리띠에 스피커를 달다

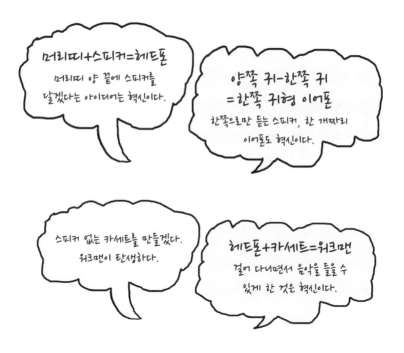

> 머리띠+스피커=헤드폰
> 머리띠 양 끝에 스피커를
> 달겠다는 아이디어는 혁신이다.

> 양쪽 귀-한쪽 귀
> =한쪽 귀형 이어폰
> 한쪽으로만 듣는 스피커, 한 개짜리
> 이어폰도 혁신이다.

> 스피커 없는 카세트를 만들겠다.
> 워크맨이 탄생하다.

> 헤드폰+카세트=워크맨
> 걸어 다니면서 음악을 들을 수
> 있게 한 것은 혁신이다.

헤드폰은 촬영과 녹음이 많은 스튜디오에서 전문가들이 사용하는 용도로 개발되었다. 외부 소음을 차단한 상태에서 소리를 청취하기 위한 장치였다. 이후 가정에서 1인 음악 감상용으로 사용되다가 MP3, 스마트폰 등에서 사용하는 고성능의 이동용 이어폰으로 발전하였다.

카세트는 테이프를 가지고 다니기 불편하다.

···▶ MP3를 만들었다.

선이 길어서 불편하다

···▶ 블루투스 기능을 활용하여 무선 헤드폰을 만들었다.

MP3도 불편하다. 헤드폰에 MP3 기능이 있다면?

···▶ 운동을 하면서도 음악을 들을 수 있는 헤드폰 형 MP3를 만들었다.

청각장애나 노인성 난청인 사람들도 음악을 들을 순 없을까?

···▶ 뼈를 통해 음향을 전달하는 골전도 헤드폰을 만든다.

또 무엇을 만들 수 있을까?

헤드폰을 사용할 때 당신이 느끼는 불편함은 무엇인가?
새로운 혁신은
당신의 불편함에서부터 시작된다.
지금 찾아보자.

2년마다 받는 정기검진에서 의사 선생님이 나에게 말했다.

"사장님은 오른쪽 귀에서 고음을 못 듣네요."

"네? 잘 들리는데요."

"아, 일반적인 소리는 잘 듣지만 아주 높은 고음은 인식을 못 합니다."

내 귀에 들리지 않는다고 해서 남들이 다 듣고 있는 소리를 이 세상에 존재하지 않는다고 우기면 어떻게 될까? 내 눈에 보이지 않고, 내 귀에 들리지 않아도 존재하는 것들이 있다. 그것을 보게 하는 것이 바로 상상의 힘이다.

그 상상의 힘으로 현상을 읽어보자.

스피커나 리시버 판매보다 이어폰이나 헤드폰 판매량이 많다는 것은 무엇을 의미할까?

내 주변의 40대 이상 중년들은 MP3도 잘 사용하지 않았고, 휴대전화가 있어도 단순 전화 기능과 문자만 이용하였기에 이어폰의 필요성을 크게 느끼지 못하고 생활했었다. 그런데 스마트폰이 나오면서 상황이 달라졌다. 스마트폰으로 음악을 듣고, 영화를 보고, 동영상을 보기 시작했다. 출퇴근 중에 스마트폰으로 강의를 듣기 시작했다. 기계의 변화가 두려운 나조차도 이어폰 사용에 익숙해졌다.

사람들이 혼자 노는 방법을 터득하기 시작했다.

사람들은 점점 더 개인화 되어 가고, 개인의 공간, 개인의 감성, 개인의 만족에 중요성을 두게 될 것이다. 가족이 함께 모여 과일을 깎아 먹으면서 연속극을 보는 추억은 역사 속에 묻히지 않을까.

개인의 만족감이 중요해지면서 지하철이나 공공장소에서는 주변의 눈총을 의식하지 않고 헤드폰 소리를 최대한 크게 해서 음악을 듣는 젊은이들이 늘어나고 있다. 그런 젊은이들에게 몇 번 소리를 줄여 달라고 부탁을 하곤 했었는데 이제 나도 시대의 변화에 적응되어 가는지 잔소리가 하기 싫어졌다.

사람들이 생각을 안 하기 시작했다.

지하철 안에서 책을 읽는 사람의 수가 줄어들기 시작했다. 집에 가지 않으면 볼 수 없었던 드라마를 출퇴근 시간에 보기 시작했다. 어제 못 본 오락 프로그램은 언제든 동영상으로 시청이 가능해졌다. 인스턴트식품처럼 가공된 정보를 손쉽게 얻게 되었다. 쉬는 틈 없이 하루 종일 스마트폰으로 무엇인가를 하고 있지 않으면 허전함을 느낀다.

서서히 노예가 되어가고 있다는 느낌, 무섭다.

생각은 언제 하지?

이제, 병원을 차린다면 이비인후과나 안과를 해야겠다.
환자들이 폭발적으로 늘어날 테니까!

영화 〈트랜스 포머 3〉
아이디어의 시작은?

달에는 누가 살까?

달에는 로봇이 살고 있다!

상상력이 세상을 움직입니다!

영화 〈혹성탈출〉

촬영장에서 주연 배우 제임스 프랭코의 말.

"앤디가 원숭이 연기를 할 때, 온몸에 방송 장비를 감고 있었기 때문에 진짜 유인원처럼 보이지는 않았습니다. 하지만 행동 자체가 실제 원숭이처럼 실감 났기 때문에 제 상상력으로 모든 것을 볼 수 있게 해 주었습니다."

〈세 종류의 사람이 있습니다〉

1. 타인에게 상상력을 심어 주는 사람
2. 행동이나 사물 속에서 상상력을 찾아내는 사람
3. 눈을 뜨고도 아무것도 보지 못하는 사람

나무 자루에 털을 심어라

1450년경 이탈리아의 보건책자에 나무로 만든 이쑤시개를 사용하는 치아 청소법이 기재되어 있다. 자루에 털을 심은 칫솔은 1600년대에 나타났으며, 1780년에 영국에서 제조되었다고 한다. 또 제2차 세계대전 이후 나일론 털과 아크릴계의 수지를 자루로 사용한 칫솔이 개발되어 오늘에 이르고 있다.

손가락 + 소금 = 칫솔

1970년대 초만 하더라도 내가 살던 시골의 동네 어르신들은 손가락에 소금을 묻혀 칫솔질을 하셨다. 초등학교 시절 아버지께서 편찮으셔서 나만 홀로 할머니 댁에 맡겨져서 살게 되었는데, 꼼꼼히 챙겨 주는 사람이 없었다. 하루는 고모할머니께서 오셨는데, 아침을 먹고 바로 학교에 가려는 나에게 이를 닦고 가라고 말씀하셨다. 내가 "예?"라고 되묻자, "칫솔이 없니?"라고 물으셨다. 고모할머니께서는 어린애를 챙기지 않았다고 집안 어른들께 크게 화를 내시고 시장에서 내게 칫솔을 사다 주셨다. 나의 첫 칫솔이었다.

아기칫솔 : 엄마, 나 칫솔 맞아?

엄마칫솔 : 그래 넌 칫솔 맞아.

아기칫솔 : 엄마, 칫솔은 무슨 일 하는 거야?

엄마칫솔 : 사람들의 이를 닦아 주는 거지.

　아기칫솔이 엄마칫솔을 물끄러미 바라보다가 말했다.

아기칫솔 : 근데 엄만 왜 만날 운동화만 닦아?

운동화 닦는 것 말고 무엇을 할 수 있을까?

칫솔로 할 수 있는 일 다섯 가지만 적어 보자.

1.

2.

3.

4.

5.

칫솔의 다른 용도를 알아보았다면 이번에는 관점을 180도 바꾸어서 접근해 보자.

칫솔 없이 칫솔질을 할 수는 없을까?

씹는 칫솔 : 롯데제과는 자작나무나 떡나무 등의 수목에서 채취되는 성분이 충치의 원인을 없애는 작용을 하는 것을 알고 자일리톨 껌을 만들었다.

물 칫솔 : 동화제약은 불화나트륨을 함하는 청색의 투명한 액체로 충치 예방, 구강 내 악취 제거에 효과가 있는 가그린을 만들었다.

전동 칫솔 : 중증장애인을 위해 만들어나 일반인에게까지 보급되었다. 직사각형 칫솔모에서 동그란 칫솔모로 바뀌었다.

공기 칫솔 : 입속으로 바람만 한번 불어 넣으면 칫솔질이 끝난다.

짝을 찾아라! 칫솔 + 치약

바늘과 실이 하나이듯, 남녀가 한 쌍의 부부가 되듯, 칫솔도 치약을 만나야 비로소 완성된 하나의 기능을 한다. 기름이 없으면 아무리 비싼 자동차도 움직이지 않는다. 잉크가 없으면 프린터는 제 기능을 하지 못한다. 무수히 많은 상품과 제품에 제 짝을 찾아 주는 일을 해 보자.

아직 짝이 없어 홀로 움직이는 상품에
사람들이 생각지도 못한 짝을 찾아
연결했을 때 대박의 신화가 탄생한다.

한 쌍의 칫솔이 짝을 찾고 살아가는 일생을 사진으로 표현해 보았다.

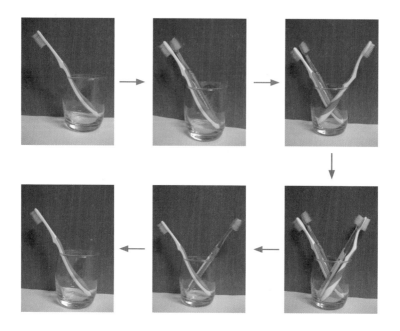

모든 진리는 세 단계를 거친다.
첫째, 조롱당한다.
둘째, 강한 반대에 부딪친다.
셋째, 자명한 것으로 인정받는다.
-쇼펜하우어

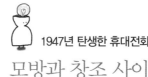

1947년 탄생한 휴대전화
모방과 창조 사이

중학교 때 '미래에는 사람들마다 개인 전화기를 가지고 다닐 것이다'라는 뉴스를 보고 생각했다.

"미쳤군. 그 큰 걸 왜 가지고 다녀?"

그 당시 우리 집엔 전화기가 없었다. 가정용 전화기 하나 놓는 것조차 어려웠던 시기에 개인용 전화기는 상상할 수 없는 일이었다.

사람의 생각은 자신의 경험치를 넘기 힘들다.

변화를 읽지 못하면 영원한 1등은 없다.

손에 들고 다니는 세계 최초의 휴대전화는 모토로라 '택8000'이었으며 한국에도 모토로라가 처음으로 서비스했다.

그토록 견고할 것 같던 휴대전화 개척자 모토로라의 명성은 대량 생산과 저가 전략을 앞세운 노키아에게 1998년 1위 자리를 내주었다. 그리고, 삼성전자와 LG전자에도 밀리더니 모토로라는 결국 구글에 인수되었다.

휴대전화는 듣고 말하는 것이다.
휴대전화는 보는 것이다.

당신은 어느 쪽입니까?
보는 쪽이라고 생각한다면 휴대전화의 화면은 얼마까지 커져야 할
까요? 미래에도 계속 휴대전화가 필요할까요?

큰아들에게 스마트폰을 사 주었더니 요금이 꽤 많이 나온다.
'어떻게 하면 요금이 줄어들까? 어떻게 전화 사용량을 줄이지?'

〈말도 안 되는 발상—성격 입력 휴대전화를 만들자!〉

이제 모든 사람은 휴대전화를 개통할 때 의무적으로 성격 테스트를
해야 한다. 당연히 개통한 휴대전화에는 자신의 성격이 저장되어 있다.
전화를 걸어 본다. 그럼 상대방의 벨소리는 이렇게 울린다.

배려심 없는 사람과는 통화량이 줄어든다.
휴대전화 요금이 줄어든다.

휴대전화로 다 된다.

무수히 많은 개발자들이 아이디어를 발휘하여 엄청난 앱을 스토어에 올린다. 상상도 할 수 없었던 기능들이 휴대전화로 가능해졌다.

휴대전화 + 초인종 =

영국의 13세 소년은 간단한 발명품 하나로 4억이 넘는 돈을 벌게 됐다. 로렌스 룩은 교내 발명대회에서 스마트 초인종을 만들었는데, 이 '스마트 벨'은 집주인이 외출중일 때, 누군가 초인종을 누를 경우 10초 뒤 주인의 휴대전화로 전화가 연결되는 기능이었다. 소년은 영국의 통신사들과 계약을 체결해 25만 파운드의 수입을 얻게 됐다.

휴대전화 + 초인종 = 스마트 벨

13살 소년도 했다. 누구나 할 수 있다.

자, 이제 당신도 도전 해보자.

휴대전화 +   =   ?

창의력은 하드웨어를 넘어서야 한다!

제이 엘리엇 전 애플 수석부사장은 한국의 CEO들에게 다음과 같이 말했다.

"스티브 잡스가 삼성전자 갤럭시 스마트폰을 처음 봤을 때 '왜 내 제품을 모방해!'라며 불같이 화를 냈다. 나도 비슷한 분노를 느꼈다."

그러면서 또 지적했다.

"삼성전자는 소프트파워가 부족하다. 삼성전자나 소니, 델은 절반만 가지고 싸운다. 삼성전자 광고를 보면 하드웨어 얘기뿐이고 결국 그 안에는 마이크로소프트가 들어가 있다. 삼성이나 소니 같은 기업들이 왜 자체 소프트웨어 개발을 하지 않는지 이해할 수 없다. 창의력은 하드웨어를 넘어서야 한다!"

맹인견으로 유명한 레트리버 한 마리를 교회에서 기르는데 새끼를 아홉 마리나 낳았다. 꼬물꼬물 눈도 뜨지 못하고 젖을 먹던 강아지들이 한 달이 다 되어가자 드디어 눈을 떴다.

"다른 동물은 낳자마자 눈을 뜨고 심지어는 뛰어다니기까지 하는데 왜 강아지는 눈을 못 떠요?"라고 아들이 물었다.

사람도 태어나자마자 눈을 뜨는데 왜 강아지는 한 달 동안이나 눈을 못 뜰까?

눈을 못 뜨는 한 달 동안 강아지는 무엇을 할까? 생존을 위한 절대적 시간이 필요하다.

아들에게 물었다. "개들은 무엇이 발달되어 있지?"

아들이 대답했다. "냄새를 잘 맡아요. 코가 발달되어 있지요."

"바로 그거야. 후각을 발달시키기 위해 하나님은 강아지를 한 달 동안 눈을 뜨지 못하게 한 거 아닐까. 어떤 능력을 기르기 위해선 강아지와 같은 절대적 시간이 필요하단다."

마찬가지로, 세계를 선도하려면 고통을 극복하는 절대적 시간이 필요하다!

미래를 예측하고 사업의 기회를 잡는 것은
'무엇을 보느냐?'가 아니라 '무엇을 못 보느냐?'의 문제이다!

변화를 보지 못하는 이유는 간절하지 않기 때문이다.
이제 당신의 눈을 ON하라!

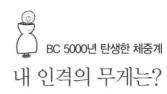

BC 5000년 탄생한 체중계

내 인격의 무게는?

체중계는 몸무게를 관리하여 건강을 유지하는 기구로서 성인용은 100kg까지 측정할 수 있고, 눈금 하나가 50~100g이다.

50대 아주머니와 20대 딸이 목욕탕을 나오면서 이렇게 말했다.

"얘, 여기 체중계는 다른 목욕탕보다 항상 5kg씩 더 나온다. 이제 여기는 오지 말자."

여성을 상대로 목욕탕을 하려면 몸무게가 1kg 정도 적게 나가게 체중계를 조절해 두는 것도 괜찮을 듯하다. 고객을 속이기 위해서가 아니라 1kg만큼의 좋은 기분을 주기 위해서!

뚱뚱한 여자 환자가 의사에게 말했다.

"선생님, 왜 이렇게 살이 안 빠질까요? 솔직하게 얘기해주세요."

"정말, 솔직하게 얘기해도 됩니까?"

"네, 사실대로 얘기해주세요."

의사가 말했다.

"돼지처럼 먹기만 하고 운동을 안 해서 그래요!"

여고생이 인터넷 고민 상담에 '체중계에 섰을 때 체중 적게 나가는 방법'을 알려 달라고 글을 남겼다.

누군가 친절하게 댓글을 달았다.

1. 살을 뺀다.

2. 체중계를 조작한다.

출근길 잠깐만 매달려
있어도 몸무게가 측정되는
지하철 손잡이.

배가 나와서 눈금이
안 보이는 사람들을
위한 와이파이 체중계.

항상 자신의 희망 몸무게를 보여 주는 체중계, 의자로 사용하는 체중계, 만보기와 체중계가 설치되어 신기만 해도 몸무게를 알 수 있는 신발, 신호등 앞 보도블록 체중계, 몸무게뿐 아니라 체지방과 혈당, 단백질량을 보여 주는 체중계, 문을 열면 하단에서 체중계가 동시에 앞으로 나오는 냉장고(몸무게를 먼저 재는 순간 음식의 욕심을 줄일 수 있다), 휴대전화로 측정하는 체중계. 휴대전화에 어떻게 올라가느냐고요? 이런, 그걸 미처 생각 못 했네!

체중계+게임

매일 책상에 앉아서 일을 하다가 살이 찐 일본의 미야모토 시게루는 살을 빼기 위해 온갖 운동을 하다 문득 이런 생각이 떠올랐다.

"재미있게 살을 빼면서
건강해질 수 있는 방법이 없을까?"

집 안에서 체중계로 몸무게를 잴 때 가족들은 모두 그의 몸무게에 관심을 보였다. 그는 체중계에서 얻은 아이디어를 게임과 연결시켜 세계적인 트레이닝(피트니스) 소프트웨어 '위 핏(Wii Fit)'을 탄생시켰다.

"중년이 되면서 체중이 늘어나는 게 신경이 쓰였습니다. 운동 삼아 수영을 했는데, 주위에서 체중을 재기만 해도 다이어트가 된다는 말을 들었죠. 집에서 체중을 재고 100g 단위로 그래픽을 만들었습니다. 그러자 체중 변화가 식구들 사이에서 화제가 됐고, 체중을 화제로 가족과 대화도 늘어나게 되었습니다. 이것을 게임으로 만들 수 없을까에 대한 고민이 'Wii Fit'을 탄생시켰죠."

요가 · 트레이닝 · 에어로빅 · 스키 점프 등의 종목을 추가하면서 닌텐도 체중계는 전 세계에서 3천만 대가 팔렸다.

히트 상품을 개발하는 그에게 기자가 물었다.

"아이디어는 어디에서 나오나요?"

시게루가 대답했다.

"내 취미가 곧 상품으로 나옵니다. 집에서 애완견을 기르다가 '닌텐독스'를 만들고, 체중을 재다가 'Wii Fit'을, 정원을 가꾸다가 '피크민'이라는 게임을 개발하게 됐습니다."

자신의 취미를 게임으로 만들어 수많은 히트작을 만들어 내다 보니 닌텐도에서는 그의 취미를 공개적으로 밝히지 말라는 지시가 내려지기도 했다.

기자가 또 질문했다.

"아이디어가 한순간에 떠오릅니까?"

"물론 떠오르는 것은 한순간입니다. 하지만 그 아이디어가 떠오르기까지는 평소 많은 주제의 문제를 머릿속에 담고 있어야 합니다. 콜럼버스의 달걀처럼 누구나 생각할 수 있지만, 생각해 내지 못하는 기발한 아이디어는 어떤 조건만 맞으면 금방 해결되는 문제들이죠. 현재의 기술로 만들지 못하는 게임도 있습니다. 그런 아이디어는 버리지 말고 간직해 두어야 합니다. 어느 시기에 기술이 개발되면 히트 상품이 됩니다."

이제 스마트폰과 무선인터넷 등의 발달로 닌텐도보다 더 기발한 상품을 만들 기회가 다가왔다. 전자 체중계에만 올라서면 체중·근육량·지방량·체질량지수 정보가 PC와 스마트폰으로 바로 보내져 개인 신체 건강 정보를 관리할 수 있고, 더 발전하면 병원과 가정용 냉장고에도 데이터가 동시에 저장될 수 있다.

냉장고 문을 여는 순간 이런 소리가 나올지도 모른다.

"닭고기 드시지 마세요. 콜라 드시지 마세요."

체중계를 개발하는 사람들은 어떤 음식을 먹고 있을까?

'체중계를 개발하고 판매하는 사람들은 어떤 음식을 먹고, 어떻게 건강을 지키고 있을까?'

이런 의문을 해결한 요리책이 바로 〈체지방계 타니타의 사원 식당—500kcal에 배부른 정식〉이다. 건강을 관리하는 체지방계 회사인 만큼 사원들의 건강관리에도 힘쓰고 있는 타니타는 11년 전부터 사원식당에서 저칼로리, 저염분의 건강식을 제공하고 있었다.

이 책은 사원 식당 메뉴 책으로 출간되자마자 일본에서 100만 부가 팔려 나갔다. 작은 아이디어가 베스트셀러를 만든 것이다.

체중계로 몸무게를 측정할 때 준수사항이 있다.

1. 측정할 때에는 반드시 바늘이 0이 되게 잘 조정해야 한다.

2. 체중계를 놓는 곳은 반드시 수평으로 안정되어 있어야 한다. 기울어져 있으면 바늘이 0을 가리키지 않는다.

3. 녹이 슬어도 오차가 생기기 쉬우므로 항상 청결하게 보관해야 한다.

체중계 관리 요령처럼
우리의 몸과 마음도 관리하자.

전자 저울로 세계 정상권에 오른 한국 기업은 1983년에 설립된 카스다. 창업자인 김동진 사장은 기계식 저울을 조작하여 부당 이익을 취하는 일부 상인들을 '정직한 저울이 고객을 만족시킨다'고 설득하여 수요를 넓혀 나갔다. 그 신뢰성을 바탕으로 1990년 1월 코스닥에 주식을 상장했다.

발가락 끝으로 체중계에 서 있으면 몸무게가 덜 나갈까? 엘리베이터를 탈 때 체중계 위에 올라가 있으면 엘리베이디가 위로 움직일 땐 몸의 무게가 더 올라가고, 아래로 움직일 땐 덜 올라간다. 그 원리를 이용해서 중력의 힘을 무시하는 게임용 체중계는 어떨까? 권투에서 파이팅 웨이트(Fighting weight)란 프로 경기 전 8시간 이내, 아마추어에서는 경기 당일 8~10시 사이의 지정된 시각에 동일 체중계로 계측한 체중을 말한다. 동일한 시각에 전 세계 30살 남자들만 동시에 저울에 올라간다면 그 무게는 얼마나 될까? 25살 여자들만 올라간다면 얼마나 될까? 음료의 무게를 눈으로 보면서 마시는 커피 잔은 어떤가?

이제 당신이 한번 해 보세요.

체중계 +   =

내
인격의
무게는
.
.
.

다산 정약용이 아들에게 보내는 편지

"소매가 길어야 춤을 잘 추고, 돈이 많아야 장사를 잘 하듯
머릿속에 책이 5천 권 이상 들어 있어야
세상을 제대로 뚫어 보고 지혜롭게 판단할 수 있다."

등잔 밑을 밝히는 법

1808년 험프리 데이비가 탄소에 전류를 흘리면 빛이 발생하는 것을 발견하였고, 1879년 토머스 에디슨이 탄소 필라멘트를 이용하여 40시간 이상 꺼지지 않고 빛을 발하는 전구를 만들었다. 에디슨이 만든 것은 진공 유리공 안에 탄화된 실을 넣고 백금을 사용하여 바깥과 연결한 것이었다. 그뒤 필라멘트는 종이 · 대나무 등을 탄화하여 만들었고, 1894년 셀룰로스를 사용하여 만든 탄소필라멘트 전구가 사용되었다. 1910년 윌리엄 쿨리지가 텅스텐필라멘트를 만들어 냈다. 지금의 전구는, 보통 아르곤 85%와 질소 15%의 혼합가스를 사용하여 만든 것이다.

우리나라에서는 1887년 3월 6일 경복궁 건청궁에서 최초로 전등을 사용했다.

요즘 아이들은 '등잔 밑이 어둡다'는 말의 의미를 알까?

등잔, 촛불을 거쳐 백열등이 탄생했고, 이후 네온, 형광등, 할로겐등이 만들어졌으며 지금은 발광다이오드(LED) 조명이 주를 이룬다. 대한민국 정부는 백열전구를 모두 퇴출시킬 계획을 가지고 있다.

아직도 전기가 없는 지역에는
어떤 아이디어가 필요할까?

환경 운동가인 일락 디아즈씨는 물을 담은 콜라 페트병에 표백제 서너 수저를 넣어서 전기 없이도 최소 10개월을 밝힐 수 있는 전구를 만들 수 있다고 한다.

전기 없이 집을 환하게 밝힐 수 있는 이 기술은 다름 아닌 물의 빛 산란 작용을 응용한 것으로, 물에 세제를 추가해 빛의 산란각과 그 양을 늘린 것이다.

최근에 백열등 모양의 촛불을 보면서 어린 시절이 떠올랐다. 잠을 자려면 불을 꺼야 하는데, 이불 속에서 일어나기 싫어서 눈치만 보던 그때가 그리워진다.

누군가 백열등을 뒤집은
모양의 초롱불을 만들었다.

어떤 이는 백열등 모양의
소금통과 후추통을 만들었다.

백열등을 '등'이 아닌
다른 용도로 사용한다면 어떨까?
아직도 개발할 것은 무수히 많다.

백열등 +　　　　　　　　=

백열등 모양의 미니 어항

형광등 모양의 화분

형광등을 끼우듯이, 공간이나 벽에 걸어둘 수 있다.
가정에서 상추가 자라는 벽도 만들 수 있다.

'자극, 흥분, 대박'과 같은 것들에
현혹된 사람들이 몰린다.

저 죽는 걸 모르고
불 속으로
불 속으로
뛰어드는 불나방처럼.

현명한 척,
지혜로운 척 하지만
때로는 우리도 나방과 다름이 없다.

불 속에서
날개가 탈 때
그때
알 수 있을까?

불나방이 되지 말고 불이 되어야 했음을!

바쁘고 번잡한 이 시대에 불나방이 되지 않으려면
가끔씩 나를 되돌아봅시다. 주변을 살펴봅시다.
똑같은 것이 다르게 보일 때, 창의성이 발휘됩니다.

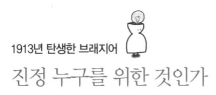

진정 누구를 위한 것인가

브래지어는 프랑스어 브라시에르(brassière)에서 나온 말로서 가슴을 받쳐 주고 보호하며 모양을 교정해 주는 역할을 한다. 우리나라의 여성들은 속적삼이나 허리띠를 동여매었는데, 일제강점기에 서양식 브래지어가 보급된 것으로 보인다. 그래서 아직도 어르신들은 '브라자'라는 일본식 발음으로 부르기도 한다.

인터넷에서 이런 글을 보았다.
'브래지어를 풀기만 하는 남편들은 행복한 사람들입니다. 나는 지금 아내 브래지어를 빨고 있습니다.'

손수건 + 손수건 = 브래지어

1920년대 미국의 메리 제이컵스는 파티에 나가기 전 코르셋 커버의 자수가 장미꽃으로 장식한 드레스 사이로 보이는 것이 싫어서 손수건 두 장을 이어 등 뒤로 묶고 드레스를 입었다. 사람들은 모두 깜짝 놀랐고, 그녀의 아이디어는 특허를 따냈다. 그 후 그녀는 특허권을 워너브러더스 코르셋 회사에 1,500달러에 팔았다.

남의 아이디어를 훔치지 않고 특허로 인정해 주는 사회와 그런 사람들이 부럽다. 우리나라도 이런 문화가 형성되어야 한다. 아이디어는 공짜라는 인식을 가진 사람들이 많은 사회에서는 상상력이 꽃필 수 없기 때문이다. 이제 브래지어는 가슴 보호, 편리성, 미모, 교정 이외에도 다양한 기능이 추가되고 패션화되면서 속옷 사업군을 이끌고 있다.

브래지어를 활용한 새로운 방법들은 무엇이 있을까?

브래지어 + 남성
남자도 브래지어를 할 수 있다!?

2009년 일본 언더웨어 생산업체 위시룸은 남성용 브래지어를 생산해서 큰 인기를 끌었다. 제품 광고 문구는 '기분 전환'과 '심리적 안정'이었다. 핑크, 화이트, 블랙 세 종류를 팔았는데 사이즈는 32∼38인치로 모두 A컵이었다.

'스트레스를 받는 남성 직장인에게 기분 전환을 선사한다.'는 남성용 브래지어는 6천 개가 넘게 팔려 나갔다.

브래지어 + 비상 마스크

시카고 방재관계 연구소장 엘레나 박사는 하나의 브래지어가 두 개로 분리되고, 양쪽의 컵에 필터가 들어가 있어 유해 물질을 차단하는 마스크 기능을 가진 브래지어를 개발했다. 비상시에 타인을 위해서 하나만 사용할 수도 있다.

"브래지어의 형상이 코나 입을 가리는 데 적합하다는 점에서 아이디어를 얻어 발명하게 됐다."

이 상품으로 우크라이나 출신 과학자 엘레나 박사는 유머가 넘치는 과학 연구에 주어지는 '이그 노벨상'의 공중위생학상을 수상했다.

2007년에는 '양쪽의 컵에 필터가 장착돼 있고 두 개의 컵이 분리돼 마스크로 사용 가능하다'는 특허를 받았다.

세계 최초 지문 인식 브래지어 〈브 레 인〉

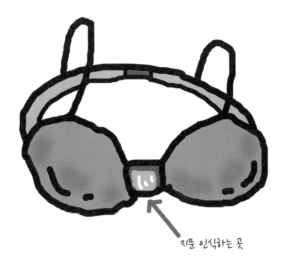

지문 인식하는 곳

사랑하는 남편의 지문을 인식하고
기억하는 브래지어입니다.
브래지어가 지문을 인식해서 〈브레인 : Brain〉

우리는 아무거나 만들지 않습니다.
왜냐하면 브레인(두뇌)이 있거든요!

브래지어는 누구를 위한 것인가?

남자를 위한 것인가? 여자를 위한 것인가?

브래지어 속에 보정물(뽕)을 넣어서 가짜 가슴을 만드는 것은 자신을 위한 것일까?

브래지어 속의 금속 와이어가 노폐물 배출에 중요한 역할을 하는 림프의 흐름을 막기 때문에 브래지어를 24시간 착용한 여성의 유방암 발병률이 전혀 착용하지 않는 여성보다 125배나 높다는 연구 결과가 나왔다. 그럼에도 불구하고 브래지어를 하는 이유는 외모 때문일까?

진정 여성을 위한 것이라면 향후 개발되는 브래지어는 외모보다는 건강에 집중해야 할 것이다.

어린이용, 청소년용, 스포츠용 브래지어, 끈없는 브래지어, 붙이는 브래지어 등으로 개발되고 있는데, 이런 생각도 해 보았다.

'더운 여름용으로 선풍기 달린 브래지어는 어떨까?'

여성 범죄자들을 유치장에 수감할 때 브래지어를 탈의시킨다고 하는데 이는 브래지어를 무기나 자해 도구로 사용하기 때문이다.

그렇다면 브래지어를 어떤 용도로 사용할 수 있는가?

가장 많이 나온 대답은 무릎 보호대와 팔꿈치 보호대였다.

당신은 무엇으로 사용할 수 있습니까?

브래지어 + _____ = _____

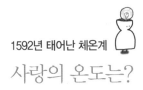

1592년 태어난 체온계

사랑의 온도는?

온도계는 갈릴레오가
처음 발명하였다.

유리 온도계를 최초로 발명한 사람은
독일의 파렌하이트이다.
1709년 알코올 온도계, 1714년 수은온도계를
제작하여 공급하였다. 이것이 화씨온도계이다.

미국과 서양의 일부 국가에서
일기예보 때 기온을 화씨(°F)로 표기하는 것은
파렌하이트의 이름을 딴 것이다.

섭씨온도(°C)계는 1742년 스웨덴의 천문학자
안데르스 셀시우스가 처음으로 제안하였다.

화씨 32도가 섭씨 0도이다.

체온계의 눈금은 왜 42도까지밖에
없는 걸까? 그렇게 열이 나면 죽으니까!
사람의 체온은 36.5도이다.

1세 이하는 37.5℃,
3세 이하는 37.2℃,
5세 이하는 37℃,
7살이 넘으면 36.6 ~ 37℃,
70세 이상의 노인은 36℃가
정상적인 평균 체온이다

체온계 종류는
수은체온계, 고막체온계
전자체온계, 이마체온계 등이 있다.

체온을 잴 때는 입속,
겨드랑이, 귀, 항문을
통해서 잰다.
그럼 항문에 몇 cm를
넣어야 하는가?
6cm.

우리 몸에서 열은 왜 나는가?
외부에서 균이 들어오면 세포가 몸을 지키는 과정에서
열이 올라가고, 이 높아진 체온을 맞추기 위하여
피부를 통한 열의 손실을 줄이기 위해서 피부로
가는 혈액 순환을 줄여 손발이 차갑게 되고, 근육에서
열을 더 만들기 위해서 몸이 떨리게 된다.
이렇게 체온이 올라가는 것을 두고
열이 난다고 하는 것이다.

왜 이러지?
몸살인가?
열이 나고 기운이 없네.

감정 온도계를
이마에 달고 다니면
어떤 일이 벌어질까?

영업사원들은 고객의 구매 의사를
쉽게 파악할 수 있을 것이고, 회사에서는
직원들이 상사의 상태를 미리 알고
조심할 수 있을 것이다.

비록 머리에 온도계는 없지만 우리는 누구나 자신의 감정을 표현하며 산다. 트위터, 페이스북, 카카오톡의 댓글 등을 통해서.

한 CEO는 직원의 페이스북에서 그 직원의 고민을 읽고 대처한다.
연인의 카카오톡 문구에서 지금 화가 나 있음을 안다.
인터넷 메신저에서 친구에게 어떤 문제가 있는지를 알 수 있다.
한 마디도 하지 않았지만 사람들은 다 안다.

체온계 + 게임 =

체온계 + 장난감 =

　영화 〈연을 쫓는 아이〉를 보면 주인집 아들 아미르와 머슴집 아들 하산이 나온다. 공부를 했기 때문에 글을 쓸 줄 알았던 아미르는 하인인 하산에게 글을 가르쳐 주면서 자기가 직접 쓴 〈마술 컵〉이라는 소설을 보여 준다. 그 소설은 컵 안에 사람의 눈물이 떨어지면 눈물이 보석으로 변한다는 내용으로, 남자 주인공이 한 손에는 칼을 들고 한 손에는 죽은 아내를 안고 있는 장면으로 끝나는 것이었다.

　마지막 장면을 읽으면서 하산이 아미르에게 묻는다.

　"주인공이 아내를 칼로 찔러 죽인 건가요?"

　아미르가 맞다고 대답하자, 하산이 다시 묻는다.

　"그럼 그 죽인 이유가 아내가 죽으면 눈물이 많이 나니까, 그럼 그 눈물이 마술컵에서 보석이 되면 부자가 되니까 죽인 거지요?"

　"그래 맞아 잘 맞추네. 그런데 네 표정이 왜 그래?"

　"그런데 왜 소설에서 아내를 죽였을까요?"

　"눈물이 떨어져야 보석이 되니까."

　그 말을 듣고 학교를 다녀 보지도, 공부를 해 보지도 못한 하산이 이렇게 얘기한다.

　"그럼 양파를 까면 되잖아요."

눈물을 흘려야만 올라가는 온도계는 없나요?
마음을 측정하는 온도계는 없나요?
사랑은 몇 도일까요?

너를 향한 내 마음은
36.5도야!

문자 한 번 하면 체온이 1도씩 올라갑니다.
사랑해 한 마디에도 1도씩 올라갑니다.
당신의 격려 한 마디에도 1도씩 올라갑니다.
이제 스마트폰으로 감정을 관리하세요.
엄마, 친구, 애인 등에 따라 각각 다른 온도를 보여 드립니다.

화제의 스마트폰용 앱 〈이따위〉 (이따위=이웃에게 따뜻한 위로를)
이제 여러분이 힘들거나 짜증날 때 여러분 곁에는
이따위 앱이 있습니다.

힘들 땐 휴대전화에 힘들다고 표시만 하세요.
당신을 사랑하는 사람들이 문자와 격려의 메시지를 보낼 겁니다.
사랑의 온도는 같이 올라갑니다.

영화 〈인셉션〉 중에서

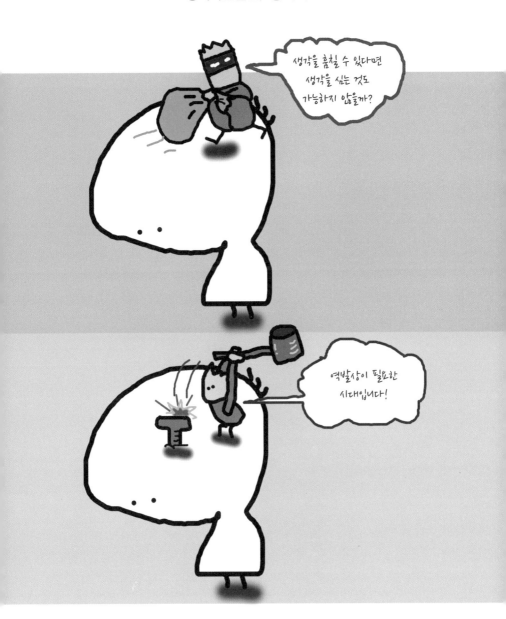

세상에 없던 것을 꿈꾸다

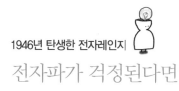
전자파가 걱정된다면

　전자레인지는 전자기파를 이용하여 식품을 가열하는 조리 기구이다. 전자기파를 마이크로파라고 부르는데, 전자레인지에 쓰이는 마이크로파는 통신에 이용되는 마이크로파와의 간섭을 피하기 위해서 정해진 진동수의 마이크로파만 사용하도록 하고 있다.

　마이크로파를 식품에 가하면 식품의 물 분자들이 회전하게 되고 이 운동은 주위의 물 분자에 급속히 전달된다. 전자레인지는 이 방식으로 식품 전체를 신속하게 가열하는 것이다. 이때 전자레인지는 빠른 속도로 전기장의 방향을 바꾸기 위해 1초에 무려 24억 5천만 번이나 전기장의 방향이 바뀌는 전자기파를 이용한다.

　1945년 미국의 스펜서 박사가 마이크로파를 발견하고, 1946년경 전자레인지가 처음 만들어졌을 때에는 작은 방만한 크기였다. 레이시언 사는 1954년 '1161 레이더레인지'라 불리는 최초의 상업용 전자레인지를 생산했다. 냉장고만한 크기였다.

이 전자레인지가 사람들의 일반적인 생각에
어떠한 영향을 미쳤을까?

발상의 전환 1

음식을 익히는 방법을 바꾸다.
불을 사용하지 않는 꿈의 조리기 탄생!

예부터 내려오는 조리법은 공기의 온도를 높여 그 복사열로 음식을 익히거나 용기를 가열하여 그 전도열로 요리를 하는 방법이었다. 이는 외부 가열 방식으로 음식물의 표면이 타는 단점이 있었는데 전자레인지는 내부 발열 방식으로 이 문제를 해결하였다.

발상의 전환 2

작게는 못 만들까?

1967년 드디어 가정용 소형 전자레인지가 생산되었다. 그런데, 더

작게는 못 만들까? 주머니에 들어가게는 못 만들까? 건전지를 넣어서
야외에서 사용하도록 휴대용으로는 못 만들까?

발상의 전환 3
음식 조리 말고 다른 사용 방법은 없을까?

생활필수품으로 자리 잡은 전자레인지에 대한 두려움이 없어지고
그 사용에 익숙해지면서 사람들은 또 다른 활용법을 연구하기 시작했
다. 아기 우유병 소독하기, 스팀 타월 만들어서 마사지하기, 찜질팩 데
우기, 속옷 삶기, 건조기 등. 당신만의 전자레인지 활용법은?

발상의 전환 4
관련 상품을 만들어라.

새로운 것을 창조하거나 발견하기는 무척 어렵다. 그러나 다른 사
람들이 만들어 놓은 상품을 보고 편리성 및 상업성과 연결시키는 것은
세심한 관심과 노력만 기울인다면 누구나 가능하다.
냉동식품, 햇반, 삼각김밥, 전자레인지용 생선구이팩, 전자레인지용
그릇, 계란 프라이 자판기, 라면 자판기 등이 제품화되었다.

미래는 상상력의 시대다.
상상력이 곧 경쟁력이 되는 시대다.

전자레인지 + 　　　?　　　 = 당신의 경쟁력

어느 일요일 저녁에 큰아들 연호가 전자레인지에 피자 한 조각을 넣

어 두고 텔레비전을 보고 있었다. 텔레비전을 보며 웃느냐고 정신없는 연호에게 물었다.

"연호야, 피자 안 먹니?"

순간 연호는 "아차!"하며 일어섰다. 전자레인지는 음식 타이머가 정지하면 정해진 소리가 울린다. 그런데 다른 방에서 공부를 하거나 다른 일에 열중해 있을 땐 그 소리를 듣지 못해 음식을 넣어 둔 것을 기억하지 못할 수도 있다.

그렇다면, 음식이 다 되었을 때 가정 내의 와이파이로 무선 호출을 해 주는 기능을 넣으면 어떨까?

일회용 전자레인지는 못 만들까?

휴대전화나 노트북 건전지를 충전하는 전자레인지는 어떨까?

미국에서는 물에 젖은 고양이를 전자레인지에 넣어서 말리려는 사람도 있었는데, 동물을 건조시키는 전자레인지는 만들 수 없을까?

전자레인지의 마이크로파를 활용하여 게임기를 만든다면 어떤 형태일까?

아직 존재하지 않는 것을 꿈꾸어 보자!
기회는 당신에게 있다.

위험과 기회

전자레인지가 보급되면서 여러 가지 문제점으로 인한 사용 반대 의견들이 나오기 시작했다. 전자레인지를 사용한 식품은 영양소와 비타민, 미네랄 등이 파괴되어 이 음식을 먹은 사람들은 인체의 면역력이 떨어진다, 전자레인지에 끓인 물을 식힌 후 식물에게 주었더니 씨앗이 발아되지 않는다, 또는 전자레인지로 가열한 혈액을 수혈 받은 환자가 사망했다는 등의 이야기가 떠돌면서 사람들은 건강과 웰빙에 대해 심각하게 생각하기 시작했다. 심지어 1976년에 러시아에서는 전자레인지의 판매가 금지된 적도 있었다.

위험이라고 느끼는 순간이 바로 기회가 된다!

전자레인지의 전자파가 걱정되는가? 그럼 우리는 물로 한다.
고열의 수증기로 음식을 익히는 스팀레인지.
원하는 기능대로 사용하라.

기술 수준과 디자인 수준이 비슷하다면 무엇에 집중해야 할까?
보다 나은 편리함, 만족감, 가치 부여를 할 수 있는 제품을
만드는 일에 집중해야 한다.

음식이 아니라 웰빙과 건강에 중점을 둔 전자레인지를 만들어 보자.
누가? 당신이.
언제? 바로 지금.
(이 레의 여백은 그냥 비워둔 것이 아니다.)

사람은 누구나 자신의 수준만큼의 생각만 한다.
그 수준을 뛰어넘을 수 있게 하는 것이
상상력이다!

화장실을 집 안으로 들여오다

수세식 변기는 인류의 문화생활을 바꾼 혁신적 제품이다. 영국의 소설가 존 해링턴이 1956년에 '물탱크와 물을 뿜어내는 배수 밸브가 있는 나무 걸상'을 착안하여 근대적 의미의 수세식 변기가 탄생했다. 이때 명명한 이름이 워터 클로젯(Water Closet)이고 약자로 WC라고 쓰게 되었다.

화장실을 집 안으로 들여오다.

1957년에 한국 최초로 집 안에 수세식 화장실이 설치된 종암아파트
가 건설되자 사람들은 무척 신기해했다. 비데를 처음 접해 본 사람의
놀라움과 비슷했을 것이다.

화장실을 집 안에 설치하는 것을 가능하게 한 핵심 기술은 바로 악
취와 벌레를 차단하는 트랩 구조였다. 트랩 구조 안에 고여 있는 물이
악취가 올라오는 것을 막아 주기 때문이다.

재미있는 것은 변기에서 물을 내릴 경우, 지구의 북반구는 물이 시계 방향으로 회전하고 남반구는 물이 반시계 방향으로 회전하며 빠진다는 것이다. 이는 지구의 중력 때문이다.

그럼 수세식 변기 한 번 사용에 얼마의 물이 소모되는가? 국가별로 차이는 있겠지만 평균 3.75리터의 물이 사용된다.

그 물은 다 어디로 흘러가는가? 편리하게 물을 내리는 단추만 한 번 누르면 되지만, 자신의 그러한 행동이 다음 세대에 미칠 영향력에 대해 책임 질 수 있는가?

빌게이츠는 마이크로소프트에서 물러난 후 수세식 변기로 인한 하천의 오염, 자연의 파괴, 에너지의 과다 사용, 제3세계에 미치는 피해 등을 해결하기 위해 물과 전기 요금이 전혀 들지 않는 변기를 개발하는 데 드는 연구비를 무상으로 지원하였다.

어떤 국가의 사람들은 오늘 내가 사용한 변기의 물보다 더 적은 양을 식수로 쓰고 있다. 대한민국 가정에서 사용하는 물의 1/4은 변기로 들어간다. 아껴야 한다.

빌게이츠처럼 할 수는 없을지라도
화장실 물을 절약하는 방법을 찾아보자.

1.
2.
3.
4.
5.

시골에 사는 할아버지, 할머니가 서울 아들 집에 놀러 오셨다. 저녁 시간에 다 같이 모여 텔레비전을 보고 있는데 세 살 된 손녀가 물을 한 컵 가져와서 할아버지에게 드렸다. 할아버지는 손녀의 머리를 쓰다듬으며 물을 시원하게 마셨다.

"아이구 우리 손녀 착하구나."

그러시면서 옆에 있는 할머니에게

"얘가 물을 어디서 가져왔지?"

라고 물었다. 할머니가 대답했다.

"이 집 안에서 세 살짜리가 물을 가져올 수 있는 곳이 어디겠어요?"

급히 화장실을 가느라 스마트폰을 두고 갔다. 신문도 두고 갔다. 정말 오랜만에 한 가지 일에 집중할 수 있었다.

읽을거리가 없어서 과거를 회상했다. 학교든 공공장소든 수많은 화장실 문과 벽에는 항상 낙서가 있었다. 돌이켜 생각하니 심심해서 낙서를 할 수밖에 없었던 것 같았다. 스마트폰을 들고 가면 낙서하지 않는다. 신문을 들고 가도 낙서하지 않는다.

화장실 낙서는 규칙도 없다. 제한도 없다. 감시도 없다. 허무맹랑하고 비현실적이어도 상관없다. 비판에 대한 두려움도 없다.

화장실 안에서의 유일한 즐거움 중의 하나인 낙서와 그 낙서에 달린 댓글을 읽는 즐거움이 상상력의 밑거름이 된 것은 아닐까?

그 즐거움을 되살리기 위해
오늘 당신이 사용하는 화장실에
낙서판을 만들자.

알았어! 지금 가잖아.

똥 누면서
전화까지 받아야 하는 사회···
그렇게 바쁘게 사는 이유가 뭔가?

어느 날 똥파리 한 마리가 사무실 화장실에 날아들었다. 화장실 벽에 붙어 있는 똥파리를 스마트폰의 카메라로 찍으면서 생각했다.

'세상은 변한다. 나는 가만있어도 세상은 변한다. 그 변화되는 세상에 대비해야 한다.'

똥파리는 번식을 위해 사람의 똥을 찾아
화장실로 날아들었으리라. 그런데, 세상이 변했다.
화장실엔 아무리 찾아도 똥이 없다.
똥은 모두 어디로 사라진 것일까?
조상에게서 배운 생존의 법칙을 활용해야 하는데 사용할 곳이 없다.
지금까지 배운 모든 지식은 더 이상 필요하지 않다.
이제 어떻게 해야 하는가?

똥파리와 같은 운명을 맞지 않으려면 우리는 어떻게 해야 하는가? 당신이 자랑하는 그 전문 지식이 내년에도 유효한가? 스마트폰의 변화로 느꼈듯이 세상은 자신의 생각보다 빠르게 변화한다. 준비되어 있어야 한다. 변화에 대응해야 한다. 그러기 위해서 눈을 크게 뜨고 다른 관점으로 세상을 보아야 한다.

영화 〈쇼생크탈출〉을 보면 감옥 안 도서관에서 사서로 일하는 죄수 할아버지 한 명이 나온다. 그는 50년간 감옥에 있으면서 항상 자유를 꿈꾼다. 드디어 할아버지는 50년 만에 감옥에서 가석방되고 시에서 제공하는 마트에서 판매원으로 일한다. 시에서 제공된 집에서 생활하며 그렇게 원하던 자유를 찾았는데, 그는 어느 날 갑자기 집에서 목을 매고 자살을 하고 만다.

그토록 나오고 싶었던 감옥에서 석방되었는데 이 할아버지는 왜 자살을 한 것일까?

나는 몇 가지 이유를 찾아보았다.

첫째, 그 할아버지는 50년이라는 긴 세월을 감옥에서 지내며 그곳에 길들여졌기 때문이다. 그에겐 감옥이 감옥이 아니라 오히려 집과 같은 존재였던 것이다. 우리가 나쁜 식습관에 길들여지면 헤어나기 어렵듯 그는 아마 감옥이 오히려 집과 같은 아늑한 공간처럼 느껴졌을지도 모른다.

둘째, 그는 세상의 변화를 따라가지 못했기 때문이다. 자살을 하기 전에 그는 이렇게 이야기했다.

"50년 만에 바깥세상으로 나와 보니 세상은 너무 빠르게 움직인다. 온 세상이 전부 바빠진 것 같다. 나는 밤이면 겁에 질려서 잠에서 깨어난다. 그리고 가끔 내가 어디 있는지, 감옥인지 밖인지 그것을 생각하는데 시간을 보낸다. 아, 감옥으로 돌아가고 싶다."

할아버지는 빠르게 변해 가는 사회와 세상의 변화를 따라가지 못했던 것이다. 그는 항상 그 자리에 머물러 있고 싶어 했다. 과거의 좋았던 추억과 익숙한 환경에 그대로 있고 싶어 했다. 그러나 세상은 내 의지와 상관없이 변해 가고 있다. 생각보다도 더 빠르게.

결국 할아버지는 자살을 선택하는 비극적인 운명을 맞이하게 되었던 것이다.

환경에 길들여지지 맙시다.
변화를 주도합시다!

다큐멘터리에서 북극곰 어미와 새끼들의
생존을 위한 힘겨운 삶을 보게 되었다.
새끼 곰은 태어나면서부터 엄마 곰에게 배운대로
얼음 위에서 사냥 기술을 사용하려고 했지만,
지구온난화로 말미암아 조상 대대로 물려받은
사냥 법을 사용할 수가 없었다.

환경은 변화되었지만,
거기에 적응하는 법은 아직 배우지 못했다.

세상은 급격히 변하고 있다.

BC 2400년 탄생한 우산

그의 변신은 끝이 없다

우산 'Umbrella'는 '그늘'을 뜻하는 라틴어 'Umbra'에서 유래된 말이다.

18세기까지 남성들은 비를 피하려는 행동이
남자답지 못하다는 고정관념 때문에 비를 맞고 다녔다.

고정관념을 깨는 용기가 있는가?

우산의 필요성을 널리 알린 사람은 영국 신사 '조나스 한웨이'이다. 그는 무려 30년 동안 외출할 때면 항상 우산을 가지고 다녔다. 비가 오지 않는 날에도. 이런 이유로 그는 주위 사람들로부터 놀림을 받기도 했지만, 그 결과 '나약함'의 상징이었던 우산은 영국 신사들에게 사랑받는 물건이 되어 '한웨이즈'로 불렸고, 19세기부터는 널리 쓰이게 되었다.

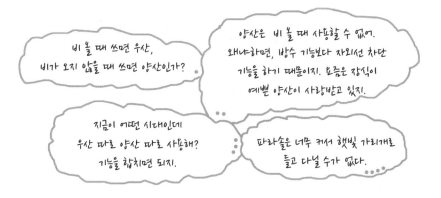

우산 : 양산 : 파라솔

비 올 때 쓰면 우산, 비가 오지 않을 때 쓰면 양산인가?

양산은 비 올 때 사용할 수 없어. 왜냐하면, 방수 기능보다 자외선 차단 기능을 하기 때문이지. 요즘은 장식이 예쁜 양산이 사랑받고 있지.

지금이 어떤 시대인데 우산 따로 양산 따로 사용해? 기능을 합치면 되지.

파라솔은 너무 커서 햇빛 가리개로 들고 다닐 수가 없다.

우산을 제목으로 사용한 영화에는 프랑스 영화 〈쉘부르의 우산〉, 한국 영화 〈우산 속의 세 여자 〉, 〈가을비 우산 속에〉도 있다.

여기서 잠깐 상상해 봅시다.
비가 오지 않을 때 우산을 가지고 무엇을 할 수 있을까요?
일 년 중에 열 달을 사용하지 않는다면 아깝다는 생각이 드네요.

우산 물총

우산+물총 = 물 걱정이 사라졌다!
새로운 컨버전스를 시도해 봅시다.

우산을 방패로
사용해도 되겠네ㅅㅅ

알루미늄으로 대를 만든 긴 우산을 선물 받았다. 손잡이가 일자형으로 되어 있었다. 가방을 들고 우산을 쓰고 있을 때 전화받기가 힘들었다. 우산을 접어서 버스를 기다릴 때도 마찬가지였다. 그래서 아이디어를 내었다.

우산을 접었을 때 가방이나 봉지를
걸고 전화를 받는다.

우산을 쓸 때
가방이나 봉지를
걸 수 있다.

전화가 오면 가방을 걸거나
팔에 걸치면 된다.

'기발한 아이디어다.'라고 감탄하면서 집으로 와서
둘째 원호에게 말했더니, 원호가 하는 말.
"아, 그걸 왜 만들어요? 기존 우산에 다 되어 있는데."
그래서 다른 우산 손잡이를 살펴보았더니……!

개발자들은 위대하다!

머그컵을 넣을 수 있는
우산 손잡이

키 작은 어린이를 위한
바퀴달린 우산

책상이나 모서리에
올려놓기 편한 우산 손잡이

수동우산, 자동우산, 2단, 3단, 4단우산, 앞보다
뒤가 더 긴 우산, 빗물받이가 달린 우산, 지팡이 겸용
우산, 와인병 모양 우산. 우산의 변신은 끝이 없다.
또 무슨 아이디어가 있을까?

어린 시절 초등학교 방과 후 시장을 지나다 보면 시장 입구에는 항상 우산을 수선하는 아저씨, 냄비를 수선하는 아저씨, 칼 가는 일을 하는 아저씨가 있었다. 대나무 비닐우산도 귀하던 시절이라 너 나 할 것 없이 우산을 수선해서 사용했다. 그러나 지금은 고장 나면 그냥 버린다. 아깝다는 생각도 들지 않는다.

좋은 걸까? 나쁜 걸까?

슈퍼맨처럼 보자기를 어깨에 두르고 담장을 뛰어내리던 어린 시절 친구 중에 꼭 우산을 들고 뛰어내리는 녀석이 있었다. 당시 기술로는 우산이 약했기에 휙 뒤집어져 버렸다.

아, 바람이 세차게 불어도 뒤집어지지 않는
우산을 만들 수는 없을까?

우산을 아주 작게 만들다!
칵테일에 쓰이는 종이우산꽂이가 되었다.
우산을 아주 크게 만들면?
비가 올 때 우리 집 전체를 가려줄 수 있을까?
우산을 모자로 만들어 쓰면?
양손을 다 사용할 수 있겠네.

심리치료를 배운 Y대표가 나에게 '비와 자신'을 그려 보라고 했다.

그때 내가 그린 그림은 아래와 같다.

대부분의 사람은 우산으로 비를 가리는 그림을 그린다. 일부는 비를 맞고 있는 그림을 그린다.

나는 외적인 비와 내적인 비를 모두 가리는 우산을 그렸다. 그러자 Y대표는 이렇게 설명했다.

……

궁금하다면, 직접 한번 그려 보고 해석 방법은 검색해 봅시다.

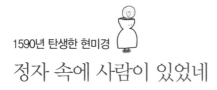

1590년 탄생한 현미경
정자 속에 사람이 있었네

현미경은 1590년경 네덜란드의 얀센 부자(父子)에 의해 만들어졌으며, 망원경의 형태로 제작되어 해양탐사에 이용되었다. 1660년경 네덜란드의 무역업자이자 과학자인 안톤 판 레이우엔훅에 의해 최초로 대물렌즈와 오목렌즈를 사용한 현미경이 만들어졌다.

발상의 전환
너무 작아 눈에 보이지 않는 것들이 존재한다.

2년마다 종합검진을 받는데 의사 선생님이 내 오른쪽 귀를 가리키면서 말했다.

"오른쪽 귀로 고음을 못 들으시네요."

난 내 귀에 들리지 않는 소리가 있다는 사실을 모르고 살았다. 만약 어느 누군가가 내가 있는 공간에서 큰 고음을 내면 나를 제외한 다른 사람들은 다 그 소리를 듣게 될 것이다. 그 순간 내가 "이 세상에 그런 소리는 없어!"라고 외친다면 사람들은 나를 어떻게 생각할까?

내 귀로 안 들었다고 없는 소리라고 우길 수 있을까?

내가 인식하지 못하고 듣지 못해도 존재하는 소리가 있다.

아들이 초등학생이었을 때 같이 등산을 갔을 때의 일이다.

가지고 간 빵과 우유를 먹고 난 후 남은 빵 부스러기를 지나가는 개미 머리 위에서 잘게 부수어 뿌려 주었다. 큰 개미 한 마리가 빵 부스러기 한 조각을 입에 물고 자기의 동굴로 돌아가는 모습을 보면서 아들에게 물었다.

"연호야. 저 개미가 자기 동굴에 가서 "얘들아, 저쪽에 가면 하늘에서 빵이 떨어져!"라고 친구들에게 얘기하면 개미 친구들이 믿어 줄까?"

아이는 대답했다.

"아빠, 안 믿을 것 같아요. 보지 못했기 때문에."

현미경은 보지 못한 것은 믿지 않으려는 인간의 사고의 틀을 깨트렸다. 보이지 않아도 존재하는 것이 있다는 사실을 인정하게 만들었다. 그것은 새로운 상상력의 밑바탕이 되었다. 가장 작은 것 속에도 거대한 우주가 존재할 수 있다는 생각의 전환이 일어났다.

레이우엔훅은 1677년, 정액 속에 살아 움직이는 정자가 들어 있음을 최초로 발견했다. 그는 이런 생각을 했을 것이다.

'어, 정자 속에 사람이 들어 있네.'

누구냐, 넌?

만약 인간의 세포가
눈에 잘 보이는 손바닥만한 크기라면?

왜 세포는 눈에 띄지 않을 정도로 작은 단위인가?

세포가 작아야 하는 이유는 세포는 외부의 충격이나 질병 등에 의해 파괴될 수 있는 존재이기 때문이다. 만약 세포가 손바닥만큼 크다면, 사고나 질병 등으로 인해 세포 하나가 죽는 경우 우리의 생명이 위험할 수 있다. 그러므로 세포의 크기가 작으면 작을수록 손실 부위를 줄여 생존에 유리하다.

이 원리를 역으로 이용해 보자.

우리가 가지고 있거나 알고 있는 어떤 대상들을 세포화할 수는 없을까? 축소하고 축소하면 보관에 유리하고 공간에서도 자유로워질 수 있을 것이다.

아인슈타인 이래 가장 뛰어난 물리학자로 추앙받고 있는 리처드 파인만 박사는 1959년 12월 29일 저녁, 캘리포니아공대 물리학회 디너 모임에서 비현실적인 극초미세의 세계를 소개했다.

"전 세계에 있는 관심을 가질 만한 2천 4백만 권의 책이 모두 백과사전 크기와 같다고 가정합시다. 백과사전에 기록된 모든 것을 2만 5천분의 1로 축소해서 기록하면, 세상의 모든 책에 축적해 온 정보는 한 변이 약 0.1mm인 정육면체에 모두 기록할 수 있습니다."

영화 〈맨인블랙〉을 보면 작은 방울을 달고 다니는 고양이 한 마리가 나온다. 새로운 은하계를 찾던 주인공이 그 고양이가 달고 있는 방울을 자세히 들여다보는 순간 그 속에 또 다른 우주 공간이 있음을 발견한다.

눈을 바꿉시다.
당신 책상 위에 우주가 있습니다.

상상력은 일부가 아니라 전체를 볼 수 있어야 합니다!

이것 하나로 집을 마련하다

이 세상을 바꾼 발명품들은 어쩜 누구나 한 번쯤은 생각해 봤던 것들이다.

1899년, 노르웨이의 요한 발러가 발명한 종이 클립은 너무 간단하게 보여서 무시하기 쉽지만, 이것은 과학적인 원리를 가진 위대한 발명품으로 기록되고 있다. 처음에는 돈을 묶는 머니 클립으로 사용하다가 점차 사람들이 일상생활 속에서 쓰는 생활필수품이 되었다.

발상의 전환 1
클립을 종이 말고 다른 곳에 쓸 수 있을까?

클립을 크게 만들어 옷걸이로 사용하기도 하고, 아주 대형화하여 라디에이터 모양으로 만들어 쓰기도 한다. 또한 예쁜 하트 모양의 클립, 리본이 달린 클립, 자석식 클립, 클립 모양 전등, 클립을 활용한 의자 등으로 사용 방법이 늘어나고 있다.

클립은 간단하고 활용도가 높아 앞으로 누구나 새로운 아이디어를 발굴해 내기 가능한 제품이다. 클립형 귀걸이나 반지는 어떨까?

발산의 전환 2

종이 클립으로 할 수 있는 일 5가지는?
종이 클립으로 할 수 없는 일 30가지는?

종이 클립으로 할 수 있는 일보다 할 수 없는 일을 적는 것이 더 쉬운 이유는 무엇일까? 종이 클립으로 할 수 있는 일을 적어보라고 했더니 초등학생 한 명이 한참을 고민하다가 이렇게 적었다.

1. 클립을 펴서 이를 쑤신다.
2. 친구를 찌른다.
3. 구멍을 뚫는데 사용한다.
4. 그냥 쓰레기통에 버린다.

발상의 전환 3

물물교환 : 클립 한 개로 집을 마련한 청년이 있다.

캐나다 몬트리올의 26세 청년 카일 맥도널드는 주택 마련을 최종 목표로 삼고 물물교환을 시작하였다. 그는 클립 한 개를 물고기 모양의 펜과 바꿨다. 이 펜은 인터넷 사이트에서 세라믹 단춧고리와 교환됐다. 미국 버지니아주의 한 남성이 자기에겐 두 개가 있는 캠핑용 난로를 이 세라믹 단춧고리와 바꾸었고 이 난로는 발전기로, 발전기는 버드와이저 맥주통 스노 모빌로 바뀌었다. 이 이야기가 텔레비전에 소개된 후, 스노 모빌은 한 유통업체의 1995년형 밴으로 교환되었고, 이 밴은 토론토의 스튜디오에서 녹음 및 음반 발매권과 바뀌었다. 카일은 이 계약서를 미국 애리조나주 피닉스의 한 무명 가수에게 팔았고, 이 가수는 자신의 복층 주택을 1년간 쓸 수 있게 해 주었다.

그 주택은 또 무엇과 바꿀 수 있을까?

보관하기가 쉽다? 어렵다?

나는 주로 클립을 다 사용한 명함통에 담아 둔다. 그것이 최선의 방법이라고 생각했었다. 그러다가 고슴도치 모양의 자력을 띠는 인형을 보고 깜짝 놀랐다.

'아, 이렇게도 만들 수 있구나. 자석을 사용할 생각을 왜 못했을까?'

그 후 클립 보관 홀더를 찾아보니 대부분 자석을 활용하였고 모양은 더욱 다양화되어 있었다.

새 둥지 모양 홀더, 계란 모양 홀더, 닭 모양 홀더 등 클립이 붙어서 다양한 모양을 낼 수 있는 제품으로 세분화되었다.

아이디어만 조금 추가하면
누구나 신제품을 만들 수 있는 분야였다.

왜 전부 이 모양이야?
일들 제대로 못해!

망치 하나만 있으면 되는데!!!

주어진 장비를 잘 활용하는 것이 상상력이다!

보이지 않는 것도 찍을 수 있을까

　　카메라의 기원은 카메라옵스큐라(cameraobscura어두운 방)인데, 어두운 방의 지붕이나 벽 등에 작은 구멍을 뚫고 그 반대쪽의 하얀 벽에 형상을 거꾸로 찍어 내는 장치이다. BC4세기 그리스의 철학자 아리스토텔레스도 이 원리를 이용하였고, 15세기경 이탈리아 르네상스 시대의 예술가 레오나르도 다 빈치도 원근법 실험에 이용하였다. 초기의 카메라옵스큐라는 렌즈가 없는 지금의 핀홀카메라(바늘구멍)였다. 렌즈를 부착하여 사용하게 된 것은 17세기경 이탈리아 수학자였던 제롤라모 카르다노에 의해서다.

무엇이 우선순위일까요?

카메라를 연구하렸더니 지금 뭐해?

눈을 연구 중이야. 눈을 알아야 카메라를 만들 수 있어

"당장 카메라부터 사야지."라고 말하는
사람이 있다면 이렇게 물어 보세요.

"무엇을 찍을 건데요?"

우선순위를 먼저 정해야 합니다.
무엇을 찍을 건지를 알아야 합니다.
내시경을 찍는 의사가 휴대전화에 딸린
카메라를 사용할 수는 없습니다.

나는 디지털카메라를 명함 정리용으로 사용한다. 용량을 가장 작게 해서 명함을 찍은 후 모임별, 업체별로 폴더에 분류하여 저장한다. 또한 영화를 좋아하다보니 그동안 영화를 볼 때마다 정리해 둔 영화가 6백 편이 넘어섰다. 영화 정리용 바인더가 늘어나기 시작하니, 정작 필요할 때 원하는 영화를 찾을 수가 없었다. 그래서 명함 정리 때와 마찬가지로 각 영화별 정리 내용을 디카로 찍어서 영화 폴더에 정리해 두었다. 카툰을 그리거나 강의용 자료를 찾을 때 무척 쉬워졌다.

카메라는 나에게 사진기가 아니라 업무용 도구다! 더 쉬운 방법도 있겠지만 나에게는 이게 가장 쉬운 방법이다.

아들이 고등학교 때 카메라를 사 달라고 해서 디카를 구입해 주었다. 주로 어떤 사진을 찍나 보았더니, 발끝, 신발 끝, 거리 쇼윈도에 비친 모습, 집 없는 야생 고양이 행동 관찰하기, 보도블록, 반사경에 비친 얼굴 등 나와는 전혀 다른 눈으로 다른 대상을 찍은 것이었다.

페이스북에 올라온 지인의 사진이 너무 멋있어서 물었다.

"사진인가요? 꼭 그림 같군요."

그러자 이런 답변이 올라왔다.

"하나님이 그린 걸 누군가 필터 끼워서 찍은 사진입니다!"

똑같은 것을 보지만 사람들은 모두 다른 장면을 찍는다.

그렇게 모여진 사진이 바로 당신이다.

발상의 전환 1 - 눈으로 본 것을 저장할 수는 없을까?

발상의 전환 2 - 필름으로 보관할 수는 없을까?

발상의 전환 3 - 흑백에서 칼라로 찍을 수는 없을까?

발상의 전환 4 - 일회용 카메라는 만들 수 없을까?

발상의 전환 5 - 사진을 즉석에서 출력해 볼 수는 없을까?

발상의 전환 6 - 필름 없이 찍을 수는 없을까?

발상의 전환 7 – 카메라의 기능을 다른 기기와 융합할 수는 없을까?

발상의 전환 8 – 사진을 연결하여 영상을 만들 수는 없을까?

카메라 + 온도 변화 촬영 = 서모 카메라 (thermo camera)

카메라 + 동시에 2장 촬영 = 입체 카메라

카메라 + 별 관찰 = 유성 카메라

카메라 + 빠른 운동, 물체 = 고속 카메라

카메라 + 연결 동작 = 무비 카메라

카메라에 새로운 기능을 넣어 보세요.

현실적으로 불가능해도 상관없습니다.

카메라 +   =

미국의 IT전문지 〈PC월드〉는 '세상을 바꾼 10가지 IT결합'을 소개
했다.

1. 휴대폰 + 무선인터넷 – 인터넷이 공간의 제약을 넘어서다.

2. 웹 + 그래픽브라우저 – 인터넷 사용을 쉽게 만들다.

3. 초고속인터넷 + 무선네트워크

4. 클라우드 컴퓨팅 + 아마존 킨들 – PC의 제약을 극복하다.

5. 값 싼 HDD + 이동식 메모리 장치

6. 블로그 + 구글 애드센스

7. MP3 + 냅스터

8. 오픈소스 + 웹 도구 – 참여, 공유, 개방을 선도하다.

9. 유투브 + 디지털캠코더

10. DVR + 비디오 온 디맨드 - 원하는 방송을 원하는 시간에 시청

한국적 문화와 IT 발달 속도에 따라 우리가 공감하지 못하는 것들도 있을 것이다. 그러나 이러한 융합들이 새로운 문명을 이끌어 나가고 있고, 우리 또한 작은 발상의 연습, 컨버전스 연습을 통해 세계의 주역으로 나설 수 있다.

1+1=1이 되는 융합 연습을 하자.

1973년 탄생한 포스트잇

실수가 아이디어가 되는 법

사람들은 누구나 자기가 만든 부적을 머리에 붙이고 다닌다. 눈에 보이지 않을 뿐이지 남들은 다 안다.

당신 이름을 떠올렸을 때 '나쁜 놈, 믿을 수 있는 사람, 약속 안 지키는 놈, 같이 일하고 싶은 사람, 불평, 불만, 꿈과 미래' 등 형태와 단어에 상관없이 최초에 떠오르는 연상이 바로 당신의 모습이다.

그 이미지는 누가 만들었는가?

바로 당신 자신이다.

이왕 내가 만드는 이미지라면 좋은 이미지로 만들어 나가자. 지금까지의 이미지를 벗어던지고 새로운 모습으로 거듭나자. 그러기 위해서는 자신이 희망하는 모습이 눈에 보여야 한다. 이루고자 하는 꿈이 눈에 보여야 한다.

책상 서랍을 열고 포스트잇을 꺼내자. 꿈을 적자. 희망을 적자. 꼭해야 할 일을 적자. 정말 중요하다고 생각되는 일을 적자.

이제 잘 보이는 곳에 붙이자.

먼 훗날 사람들은 당신 얼굴에서 어떤 글자를 읽어낼 것이다.

오늘 당신이 붙인 바로 그 단어를!

삼성 홍보실과 비서팀은 주요 기사에 회사측의 의견을 메모한 노란색 포스트잇을 붙인 신문들을 통째로 이건희 회장에게 전달한다. 포스트잇에는 신제품 설명, 품질 개선 방안이나 경영 관련 진행 상황 등이 설명되어 있다.

한 여자 중학교에서는 졸업식 날 칠판 가득 담임선생님께 사랑의 글이 담긴 포스트잇을 붙여 많은 이들을 감동시켰다.

박원순 시장이 취임식을 하면서 시장실을 공개했는데, 이를 두고 인터넷 게시판에 다음과 같은 글이 올라왔다.

'박원순 서울 시장실의 초호화 벽지 사용 논란.'

게재된 사진 속에는 '박원순에게 바란다.'라는 벽면에 색색깔의 포스트잇이 한가득 붙어 있었다. 서울 시민들의 요구 사항이나 바라는 점을 적어 붙여 놓은 것이다.

스마트폰 시대에 메모 분야에서 최고를 달리는 '에버노트(evernote)'

의 좌우명은 '모든 것을 기억하세요.'이다. 메모의 새로운 시장을 개척하겠다며 그들은 이렇게 얘기한다.

"우리의 경쟁 상대는 3M의 포스트잇이다."

누구나 다 사용하는 포스트잇은 누가 만들었을까?

1970년에 3M의 연구원인 스펜서 실버는 강력 접착제를 개발하려다 실수로 접착력이 약한 접착제를 만들게 되었다. 회사는 실수를 인정했고, 사내 기술 세미나에 공개했다.

공개된 아이디어를 계속 발전시키기 위해서는 무엇이 필요할까?

3M은 직원들의 창의성을 독려하기 위해 〈15%룰〉(근무시간 중 15%의 시간을 개인의 프로젝트에 투자하도록 하는 방침)을 장려했다. 이 제도의 힘으로 3M은 1977년에 포스트잇을 공식적으로 상품화했고, 무료 샘플을 배포하면서 포스트잇은 대중화되었다.

우리 집 아이들 방 천정은 모기 자국으로 도배가 되어 있다. 산 밑에 집이 있어서 그런지 여름이면 유난히 모기가 많다. 파리채를 들고(왜 모기채는 없을까?) 모기가 보이는 족족 천장을 향해 팔을 뻗으니 천장의 벽지가 어느새 모기의 흔적으로 지저분해졌다. 방에 누워 있으면서 이런 생각이 들었다.

'모기는 어떻게 떨어지지 않고 천장에 거꾸로 매달려 있을까? 옆에 있는 파리는 어떻게 거꾸로 걸어 다닐까?'

만약 모기와 파리의 다리에서 접착제 역할을 하는 끈끈이가 나온다면 붙였다 뗐다 할 수 있는 포스트잇과 성분이 같지는 않을까?

뚱뚱한 고양이는 쥐를 잡지 못한다!

상상력이란 몸과 정신에 낀 지방을 제거하는 것이다!

1876년에 탄생한 전화
사람을 살리는 한 통의 벨소리

우리 집은 내가 대학교에 입학하고 나서야 전화기를 설치했다. 그 소중한 전화를 설치하고 어머니께서는 전화기 앞에서 이틀인가를 기다리셨다.

전화기를 설치했으면 전화가 와야 하는데 왜 안 오는 거냐?

전화는 전류에 의하여 음성을 전파로 바꾸어 전송하고 다시 음성으로 바꿔서 들리게 하는 방식이다. 1837년 미국의 페이지가 그 원리를 발견하였고, 프랑스의 C. 부르셀이 1854년 음성에 의한 가요 진동판의 진동을 이용하는 안을 발표하였다.

한국에서는 1926년에 처음으로 전화국과 우체국의 구내에 전화가 설치되었고 전화를 이용하려면 우체국을 가야했다. 당시에는 전화 교환원이 있어서 전화를 연결해 주었다.

전화의 영어인 'telephone'은 그리스 어의 원격(遠隔:tele)과 음성(音聲:phone)을 뜻한다. 이 용어를 처음 사용한 것은 라이스였다.

신상품의 이름을 만들 때 응용하면 좋겠다.

최초의 발명자는 이탈리아의 안토니오 무치다. 무치가 자석식 전화기를 발명하고 특허를 준비하는 동안 설계도와 전화기 모델을 분실하였는데, 얼마 뒤 알렉산더 그레이엄 벨이 그와 흡사한 전화기로 특허를 취득하였다고 한다.

이 세상엔 나와 같은 생각을 하는 사람도 있다.
먼저 권리를 확보하지 않으면 빼앗긴다.

스티브 잡스는 〈애플〉이라는 상표권을 비틀즈에게서 사왔다. 비틀즈의 폴 매카트니가 미리 상표를 등록해 두었었기 때문이었다.

10여 년 전에 나는 〈통큰〉이라는 상표권을 가지고 있었다. 변리사가 이왕이면 영어로 해 두는 게 좋겠다고 해서 영어로 등록했다. 30대의 혈기로 여러 사업을 벌일 궁리를 하면서 준비해 두었던 것이다. 청바지를 만들면 〈통큰 진〉, 김치냉장고를 만들면 〈통큰 김치 냉장고〉 만두를 만들면 〈통큰 만두〉 등과 같은 생각을 하면서. 그런데 사업 실패로 상표권의 기간이 만료가 되었을 때 연장을 할까 말까 고민하고 있는데 〈통큰 순대〉 매장에서 전화가 왔다. 사용해도 되겠느냐고.

변리사와 알아보니 전국에 통큰 치킨, 통큰 순대, 통큰 노래방, 통큰 분식 등 영세 자영업자가 너무 많은 것이었다. 그들은 모두 생계유지형 점포였다. 내가 할 사업이 아니면 욕심부리지 말자는 생각이 들었다. 무엇보다도 당시엔 사업 실패로 노점에서 호떡 장사 등으로 근근이 생계를 이어가고 있었던 터라 판단력이 흐려졌다. 길게 사업을 내다보지 못하고 상표를 포기했다.

최악의 순간에도
목표는 길게 내다보아야 한다.

시간이 흘러 어느 날 돌아보니 롯데마트에서 상표를 등록하여 광고를 하고 있었다. 〈통큰 치킨〉, 〈통큰 피자〉 등 통큰 시리즈로 언론의 집중을 받았다.

발상의 전환 1
전화기를 길거리에 두면 안 될까요? 돈 받고.

누군가의 아이디어로 공중전화가 탄생했다. 휴대전화의 보급으로 공중전화는 점차 사라져서 찾기가 어려워졌다. 그렇다면 그 많던 공중전화 박스는 모두 어디로 사라진 걸까? 공중전화 박스로 할 수 있는 일은 무엇일까?

전화를 공짜로 사용하게 하면 안 될까요?
100% 무료로.

인터넷 전화 아이디어로 새롬기술은 한때 벤처기업인의 우상이 되었다. 스마트폰의 보급으로 공짜 전화는 더욱 대중화되었다.

공짜 전화 + ████████████ = 새로운 사업의 기회다.

어느 날 퇴근을 하고 집에 가니 아내가 전화를 하고 있었는데, 40분 이상이나 되는 긴 통화였다. 내가 퇴근하기 전부터 했으니 한 시간은 되었을 듯싶다.

'전화는 3분 안에 끝나는 건데, 뭔 전화를 40분씩이나 해.'

라며 불만에 가득 차 있었는데 전화를 끊고 와서 아내가 나에게 이렇게 얘기했다.

"전화기를 바꿔야 되겠어요."

"아니 멀쩡한 전화기를 왜 바꿔?"

그랬더니 아내가 하는 말.

"배터리가 빨리 닳아요."

순간적으로 화가 났지만 그날 저녁 이런 생각이 들었다.

'여자와 전화를 연결하는 사업을 하라.'

전국의 모든 남성들을 떨게 한 악마의 앱 〈오빠 믿지!〉와 같은 스마트폰 앱도 결국은 여자와 전화를 연결한 제품이다.

전화기가 늘어나면서 전화번호부가 생겼고, 누군가는 그 전화번호부를 광고용으로 이용하고 있다. 가나다순으로 등재하다 보니 일부러 점포 이름을 가나다, 가나안으로 표기하는 사람들도 있다.

전화로 사업을 하자.

전화번호부보다 더 좋은 홍보와 판매 방법은 없을까?

전화 통신 판매원이라는 직업이 만들어졌다. 텔레마케터는 홈쇼핑 전문 업체, 카드 회사, 통신 회사, 호텔 등 다양한 분야로 발전하였고, 전화를 통해 기존 고객을 관리하고 신규 고객을 유치하며, 상품 판촉 활동과 기업의 시장조사, 고객 불만 접수와 상담, 홍보 등의 업무를 수행한다.

영화 〈불량커플〉에서 김선아는 연체금을 독려하는 콜센터 직원으로 나온다. 돈을 갚지 않는 사람에게 그녀는 30분마다 전화를 건다. 돈을 빌린 입장에서 보면 그 전화는 스트레스고 노이로제다. 자살 충동을 느끼게 된다. 그러니 그녀는 자신이 일을 참 잘하고 있다고 생각한다. 콜센터 상사는 실적을 외치며 더 재촉하라고 다그친다. 칼로 사람을 죽이는 것보다 더 무서운 것은 말로 죽이는 것이다.

한 통의 전화가 사람을 살리는 방법은 없을까?

발상의 전환 4
전화로 상담을 하자.

상담 전화는 1963년 오스트레일리아의 목사 A. 워커가 '도움은 전화처럼 가까운 곳에'라는 표어를 내걸고 '생명의 전화'를 설치한 것이 시작이다. 한국에서는 1976년 이영민 목사를 원장으로 하는 '서울 생명의 전화'가 시조다. 이후 '도움의 전화', '사랑의 전화', '여성의 전화', '나눔의 전화', 청소년 문제를 다루는 '소망의 전화', 이산가족의 재회를 위한 '만남의 전화', 장례 의식과 절차를 상담해 주는 '명복의 전화', 중년 남성을 위한 '남성의 전화', '독서 상담 전화' 등으로 확대되었다.

발상의 전환 5
마지막 1분에 무슨 통화를 하실 건가요?

음악 영화 〈원스〉의 마지막 장면에서 남자 주인공이 런던에 있는 애인에게 달랑 남은 동전 하나로 공중전화를 건다.

그가 애인에게 한 첫마디는 다음과 같다.

"좀 있으면 끊길 거야. 돈이 다 되었어!"

"뚜…뚜…뚜……."

당신은 어떻습니까?

동전이 하나밖에 없다면 무슨 이야기를 하시겠습니까?

'좀 있으면 끊길 거야.', '돈이 없어.'라고 말할 수 있는 그 시간에

"사랑해, 사랑해, 사랑해!"

라고 세 마디는 할 수 있을 텐데.

이런 분들을 위해 〈마지막 1분〉 사업을 제안 드립니다. 회원 가입 후 당신의 마지막 멘트 1분을 남겨 놓으시면 원하시는 순간에 원하는 분들에게 전화로 배달됩니다.

실제 당신의 음성으로.

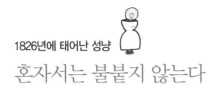

1826년에 태어난 성냥

혼자서는 불붙지 않는다

최초의 성냥은 1827년 영국의 J. 워커가 염소산칼륨과 황화안티모니를 발화연소제로 쓴 마찰성냥이다. 1845년에는 A. 슈로테에 의해 붉은인 성냥이 발명되었다.

나무개비 + 황화인 = 마찰성냥(딱 성냥)

아무 곳이나 마찰을 하면 불이 붙는다. 주로 서부영화에서 주인공들이 많이 사용하였다.

나무개비 + 붉은인 = 안전성냥

혼자서는 불이 붙지 않는다. 그래서 붉은인 성냥을 안전성냥이라고 한다. 성냥통 측면(인화성 물질)과 마찰시켜 발화케 한다. 1848년 독일인 R. 뵈트거가 발명하여 보급했다.

성냥이 없었다면 성냥팔이 소녀는 무엇을 팔았을까?

모두가 성냥을 돈 받고 팔았을 때, 성냥갑에 광고를 넣어 무료로 나눠 준 사람은 누구일까? 그 아이디어가 무료 라이터, 무료 휴대전화 등으로 발전한 것인지도 모르겠다.

지도자는 자신을 불사르는 사람이다.
그의 희생을 보고 또 다른 누군가가 자신을 불사른다.
우리 사회는 그렇게 이어져 나간다.

혼자서는 불붙지 않는다.

나는 단지 그들의 마찰제가 되어 주면 된다.

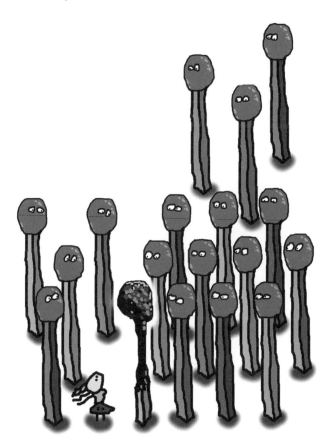

종이 막대로는 성냥을 만들 수 없을까를 고민하다가 종이로 된 판지 성냥을 만들었다.

바베큐나 장작불 피울 때 좀 더 안전하게 사용하기 위해 크기가 큰 장축 성냥을 만들었다.

시대가 발전하면서 성냥의 사용량이 줄자 사람들은 재미를 추구하기 시작했다. 성냥 모양의 라이터, 성냥 모양의 스탠드, 성냥 모양의 촛불 등을 상품화하였다. 일본에서는 종이로 만든 성냥 달력도 나왔다. 1일부터 30일까지 하루 하나씩 성냥을 뜯어서 사용하면 된다.

발상의 전환

성냥을 불 켜는 것 말고
다른 용도로 사용할 수 있을까?

프랑스 소설가 베르나르 베르베르는 그의 소설 〈개미〉에서 다음과 같은 문제를 내었다.

1. 성냥개비 6개로 크기가 같은 정삼각형 4개를 만들어 보시오.
2. 1번을 풀었다면 성냥개비 6개로 정삼각형 8개를 만들어 보시오.

정답은 〈개미〉 안에…

성냥

김남조

성냥갑 속에서
너무 오래 불붙기를 기다리다
늙어버린 성냥개비들
유황 바른 머리를
화약지에 확 그어
일순간의 맞불 한 번
그 환희로
화형도 겁 없이 환하게 환하게
몸 사루고 싶었음을.

늙어버린 청춘이 될까 두려웠다.
불 한 번 붙여 보지 못한 나약함이 미웠었다.
이제 도전하리라.
열정을 불태우리라.

일어나자!

청춘

3부

예측 불가능한 상황을 상상하다

고무줄•원상 회복 능력　아이팟•사람들이 숭배한 기계　낚싯바늘•당신은 무엇을 낚고 있습니까　청진기•내 마음이 들리니?　활과 화살•꿈을 향해 쏘다　컴퓨터 자판•QWERTY 자판을 쓰다　문자 메시지•대화보다 더 진한 그 무엇　로봇•인간과 공존하다

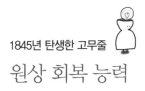

원상 회복 능력

고무줄은 고무나무 액으로 만들며 주로 문구 용품으로 사용되는데, 1845년 오스트레일리아 스티븐 페리 밥스테인이 특허를 받았다.

어린 시절 남자 아이들에게 가장 경제적인 놀이 기구는 축구공이었다. 공 하나만 던져 주면 몇 십 명이 재미있게 놀았다.
그럼 여자 아이들에게 가장 경제적인 놀이 기구는?

고무줄의 활용도는 점점 늘어나고 있다.
미용실에서 파마를 하려고 앉아 있는 아내의 머리에도 고무줄이 있다. 치아 교정을 받고 있는 조카의 입속에도 고무줄이 있다.

만약, 고무줄이 없었다면 팬티는 어떻게 입을까?

사랑은 고무줄이다.
서로 이해할 땐 고무줄 안에서 행복하다.
밀고 당기는 재미도 있다.

서로 미워할 때에는 늘어난 길이에 비례하여
서로에게 상처를 준다.

고무줄인 탄력성의 한계가 있다.
늘었다 줄었다 마음대로 할 수 있지만 그 한계를 넘어서면 줄은 끊어진다.

고무줄의 원상회복 능력을 활용하는 지혜가 필요하다.

사람들이 숭배한 기계

아이팟, 기계가 사람들로부터 숭배받는 최초의 제품이 되다!

소니 워크맨 ···▶ 한국 엠피맨 ···▶ 애플 아이팟

기회를 빼앗기다. 왜?

최초의 MP3 플레이어는 한국에서 만들었다.

1997년 새한정보시스템이 MP3파일을 재생할 수 있는 휴대용 플레이어를 개발했는데, 이것이 최초의 MP3 플레이어인 엠피맨이다.

한국이 개발한 MP3플레이어가 카세트테이프 플레이어의 대명사인 소니의 워크맨을 시장에서 퇴출시켜 버렸다. 그런데 아이팟의 등장으로 엠피맨은 2003년 7월 회사가 부도나고, 2004년 11월 경쟁사 레인콤에 흡수되었다. 엠피맨을 인수한 레인콤도 경쟁에 뒤처져 관련 특허권을 미국 기업에 넘겼다.

왜 시장을 지키지 못 했을까?

애플은 2001년 10월 MP3 플레이어 아이팟을 출시했다.

스티브 잡스는 아이팟 출시 발표장에서

"아이팟이 다른 모든 제품들을 사라지게 할 것이다."

라고 말했다. 그의 말대로 아이팟은 전 세계 누적 판매량 2억 7천 5백만 대를 기록하며 MP3 플레이어 시장의 최강자가 되었다(2010년 1월 기준). 현재 미국에서 팔리는 MP3 플레이어 4대 중 3대는 아이팟이다.

스티브 잡스는 시장을 바라보는 눈이 달랐다.

"MP3는 하드웨어 시장이 아니라 콘텐츠 시장이다."

MP3 제조사들이 단순히 하드웨어의 사양과 부가기능에 집중할 때, 애플은 콘텐츠 생태계와 사용자 편의성에 집중하였다.

사람들은 'MP3 = 아이팟'이라고 인식한다.

잡스는 아이튠즈라는 엄청난 음악 생태계를 만들었다. 사용하기 쉬운 음악 관리 서비스다. 수많은 음악이 태그별로 자동 분류되어 원하는 음악을 빨리 찾을 수 있고 뮤직스토어에서 음악을 구매한다.

디자인과 사용의 편리성도 고려했다. 단순하게 디자인된 원형의 버튼 하나로 원하는 노래를 들을 수 있도록 만들었다. 사람들은 열광했다. 시장의 주인이 바뀌는 순간이었다.

[문제] 아래 두 가지 중에서 먼저 만든 제품은 무엇인가?

    1. 휴대전화 + MP3   2. MP3 + 휴대전화

[문제] 아이팟의 아버지는 누구인가?

필립스의 엔지니어였던 토니 파델은 MP3 플레이어와 온라인 음원 판매를 연동하는 방식의 '퓨즈(Fuse)'라는 디지털 음악 기기 벤처를 설립했다. 그러나 사업은 뜻대로 잘 되지 않았고, 투자자를 모집하러 여러 회사의 문을 두드렸지만 모두 그의 제안을 거절했다. 그의 제안을 거절한 회사 중에는 워크맨을 만들었던 소니도 있었다.

스티브 잡스만이 세상을 읽는 눈이 달랐다. 그는 시장의 가능성을 확신했다. 잡스는 2001년에 파델을 고용하고 30명의 인원으로 구성된 MP3 플레이어 전담팀을 만들었다.

소니는 아이팟을 볼 때마다 어떤 생각이 들까?

아이팟이라는 이름은 프리랜서 카피라이터인 비니 치에코가 제안했다. 그는 시제품을 본 순간 영화 〈2001 스페이스 오디세이〉의 명대사 "할, 포드베이도어를 열어!(Open the pod bay door, Hal!)"를 떠올렸다. 시제품이 우주선의 문을 닮았기 때문이었다. 여기에 애플의 제품명에 따라 붙던 'I'를 합쳐 'iPod'로 결정했다.

"아이팟은 음악 산업의 전환점으로 기록될 것이다.
이건 나만의 과대평가가 아니다." -스티브 잡스

"아이팟은 사람들이 음악에 접근하는
방식 자체를 바꾸었다." -칼 라거펠트(패션디자이너)

"아이팟이 없었다면 디지털 음악 시대는 노래와 앨범 대신
파일과 폴더로 분류됐을 것이다. 비록 음악을 분류하는
수단이 변했을지라도, 아이팟은 여전히 음악을
사랑하는 사람들에게 활기를 준다."
-존 메이어(싱어송라이터)

남다른 판단과 비즈니스를 보는
스티브 잡스의 비밀은?

"곧 죽게 된다는 생각은 인생에서 중요한 선택을 할 때마다 큰 도움이 된다. 사람들의 기대, 자존심, 실패에 대한 두려움 등 거의 모든 것들은 죽음 앞에서 무의미해지고 정말 중요한 것만 남기 때문이다. 죽을 것이라는 사실을 기억한다면 무언가 잃을 게 있다는 생각의 함정을 피할 수 있다. 당신은 잃을 게 없으니 가슴이 시키는 대로 따르지 않을 이유도 없다."

스티브 잡스가 2005년도 스탠퍼드대학교 졸업식에서 한 연설에서 나는 그 해답을 찾는다.

"가슴이 시키는 대로 하라."

잃을 게 없으면 약점을 잡히지 않는다.
작은 이익에 눈이 멀지 않는다.
판단이 정확해진다.
다시 한번 그가 위대해 보인다.

큰아들 연호에게 MP3를 세 개나 사 주었다. 고등학교 1학년 때 사준 것은 잃어버렸고, 2학년 때 사준 것은 고장났고, 3학년 때 사준 것은 잘 쓰고 있었다. 3학년 여름방학이 되던 어느 날 텔레비전 광고에서 배우 소지섭이 신형 MP3를 들고 나왔다. 연호는 새 MP3가 가지고 싶었다. 그런데, 본인도 양심이 있었던지 나에게 새 MP3를 사 달라는 말을 못하고 있었다. 한참을 궁리하던 연호는 전혀 다른 제3의 방법으로 아빠에게 접근했다.

외부 강의를 마치고 밤늦게 집에 들어갔더니 모두들 자고 있고 거실 벽에 A4 용지가 붙어 있었다. 연호가 붙여 놓은 것이었다. '이게 뭐지?' 라며 들여다보았더니, 신형 MP3 사진과 함께 원하는 사양의 가격이 빨간색으로 표시되어 있었다.

나는 눈치챘다.

'연호가 이걸 가지고 싶어 하는구나.'

그러나 사 주고 싶지 않았다. MP3가 있는데 또 사는 것은 낭비라는 생각이 들었기 때문이었다.

상대의 생각을 미리 읽어라.

연호는 사 주지 않으려는 아빠의 생각을 미리 읽었다. 그래서 좀 더 자극적인 접근을 위해 뒷장을 준비해 두었다. 사진이 있는 뒷장을 보았더니 이렇게 적혀 있었다.

NEW mp3 후원금 모집 안내

모집자 : 최연호

내용: 후원금 모집 안내

목적 : 코원의 신형 mp3인 J3의 구입 자본 마련을 위해서

1. MP3를 가지고 있음에도 구입하려는 이유는?

제가 가지고 있는 D2(이하 디투)는 저의 두 번째 음악기기였습니다. 정말 만족하며 사용하다가 디투를 잃어버렸었지요. 하지만 디투에 상당히 만족했었던 저는 중고로 한 번 더 구입을 결정하였고 그것이 바로 지금 쓰고 있는 것입니다.

2.그렇다면 왜? 왜 신형 기기를 구입하려 하는가?

J3는 풀터치 스크린에 아이팟 상당의 터치 속도를 자랑합니다. 디투역시 풀터치는 맞습니다. 하지만 코원의 차기작이였기 때문에 확실히 성능면에서는 상당한 구형에 속합니다.

외장 메모리 지원 : 저에게 있어 외장 메모리 지원이 가능한 J3는 상당한 메리트를 지닌 제품입니다. 뮤지컬 연습으로 노래를 많이 듣고 또 대용량이 필요한 저에게 J3는 완벽한 제품입니다.

외장 스피커 지원 : 외장 스피커는 상당히 동경해 왔던 기능입니다. 언제 어디서든 여러 친구들과 함께 음악을 들을 수 있습니다.

넓은 스크린과 무인코딩 동영상 지원 : 연기를 배우면서 항상 생각해 왔던 게 바로 많이 보는 것입니다. PMP를 가진 친구들은 항상 필요한 영상과 연극, 영화 등을 보며 이야기를 주고받곤 했습니다. 언제 어디서든 넓은 화면으로 대용량으로 영화를 볼 수 있다는 것은 저에겐 꼭 필요한 기능입니다.

후원금 모집 안내를 읽으면서

'참 재미있네. 그러나 역시 낭비야.'

라는 생각을 하고 있었다. 연호는 이런 아빠를 공략하기 위해 한 단계 더 나아갔다. 마지막 A4 용지를 읽었다. 상단은 이렇게 되어 있었다.

최고의 재생시간 : J3의 배터리는 최고입니다.

"음악 재생 64시간, 동영상 재생 11시간, 슬립모드 시 350시간 지원."

이처럼 최고의 배터리를 지원하는 기기는 J3밖에 없습니다. 64시간이 라는 재생시간은 노래 연습이 필수인 저에게 많은 혜택을 줄 것이며 동영상 11시간 재생은 말 그대로 언제든지 필요한 영상을 볼 수 있도 록 해 줄 것입니다.

나와 있는 기기 중 최저의 가격 : J3는 가격이 참 착한 편입니다. 동급 의 기기들이 16G당 최저 28~30만 원인 데 비해 J3는 26만 원이라는 가격으로 소비자들을 놀라게 했습니다. 실제로 이전 모델인 S9라는 모델이 16G에 30만 원에 나왔었다는 점을 감안할 때 상당히 저렴해 진 가격입니다.

이러한 글을 읽으면서도 나는 여전히 낭비라는 생각이 먼저 들었다. 그런데 하단을 읽어 내려가면서 내 생각이 완전히 바뀌었다.

'가격과 상관없이 무조건 사 주자. 있어도 또 사 주자.'

내 마음이 돌아섰다.

상대의 감성을 공략하라!

하단에는 이렇게 적혀 있었다.

직접 돈을 모으지 그러는가?

저의 용돈은 한 달에 100,000원입니다.
그 중의 반인 5만 원은 교통비로 쓰입니다. 그 중
10,000원은 십일조
6,000원은 남을 위해
4,000원은 한 달 헌금
10,000원은 나를 위해
10,000원은 책 값
10,000원은 저축
입니다.

이렇게 하면 한 달에 10,000원, 일 년에 120,000원, 기기의 비용을
최소 200,000원이라고 생각할 때 2년이 지나고 나서야 J3를 살 수 있
게 됩니다.
빠르게 변화하는 MP3 시장에서 2년은 너무나 긴 시간입니다. 그래
서 부득이 후원금을 모집하게 됐습니다.
많은 후원 부탁드립니다.

후원방법
연호에게 후원

왜 직접 돈을 모아도 살 수 없는지, 그리고 그 돈을 모으는 2년이라
는 시간이 얼마나 긴지, 그 과정에서 아들이 얼마나 힘들어 할지를 생
각하니 MP3를 사 주지 않을 수 없었다.

난 다음 날 출근하자마자 MP3부터 주문했다. 집으로 바로 보내지

않고 회사에서 택배로 받아 집으로 가지고 들어갔다.

아들을 불러서 MP3를 주며 딱 한마디만 했다.

"네가 아빠를 설득시킨 이 방식처럼 세상을 살아간다면, 넌 이 세상에서 설득하지 못할 사람이 없을 것이다."

해결책이 없을 땐 제3의 방식으로 접근하자.

영화 〈노다메 칸타빌레〉

원대한 꿈을 이루기 위해 파리에 유학 온 음악가 치아키는 실력도 없고 자금력도 없는 말레오케스트라의 상임 지휘자가 된다.

오케스트라를 살려 보겠다는 의지로 연습 시간을 늘리자 단원들은 "지휘자가 바뀌어서 연습 시간이 늘어 일하러 가기 힘드네." 라고 불평을 하기 시작한다.

단원들은 생계 유지가 힘들어서 부업을 하고 있었기 때문이었다.

뿔뿔이 흩어지는 단원들에게 치아키는 외친다.
"당신들 본업이 뭡니까?"

당신의 본업은 무엇입니까? 지금 어디에 집중하고 있습니까?

BC3만년 탄생한 낚싯바늘

당신은 무엇을 낚고 있습니까

낚싯바늘이 처음 사용된 것은 구석기 시대다.

동물의 뼈 ⋯▸ 낚싯바늘 ⋯▸ 낚싯줄 ⋯▸ 낚싯대 ⋯▸ 릴 ⋯▸ ?

동물의 뼈는 낚싯바늘에서 낚싯줄로 발달하였고 좀 더 편리함을 추구하고자 낚싯대를 개발하였다. 그리고 낚싯줄을 풀거나 감을 수 있게 릴을 만들었다. 낚시 도구가 단계적으로 개량되어 미끼를 정확하고 멀리 던질 수 있게 되었다. 이러한 낚시 도구의 발달은 낚시를 스포츠의 한 분야로 발전시켰다.

당신은 현재 무엇을 낚고 있습니까?

인터넷에서 사진 한 장을 보게 되었다. 유럽의 어느 광장에서 낚시하는 사람의 모습이었다. 나는 그 사람의 입장이 되어 생각해 보았다.

'왜 낚시가 되지 않을까? 왜 고기가 잡히지 않을까?'

만약 이 사람이 성실하고 부지런한 사람이라면 이런 생각을 했을 것이다.

'내 노력이 부족한가? 그럼 내일은 새벽부터 나와야지.'

그는 다음 날 새벽부터 밤 12시까지 열심히 낚시를 한다. 그래도 고기는 잡히지 않자 집으로 돌아가 뜬눈으로 밤을 새며 고민을 한다.

'아직도 노력이 부족한가? 이제 1년 365일 동안 하루도 쉬지 않고 부지런히 고기를 잡아 보자.'

그러고는 정말 단 하루도 쉬지 않고 고기를 잡으러 나간다.

그는 고기를 잡았을까?

한 마리도 잡지 못했다. 무엇이 잘못되었을까?

그는 처음부터 고기가 잡히지 않는다는 사실을 모르고 있었다.

자신의 머릿속에 고기가 잡히는 장소에 대한 판단 기준이 없었다.

당신은 현재 어디에
낚싯줄을 드리우고 있습니까?
그곳은 고기가 잡히는 장소입니까?

조이불망(釣而不網)

釣而不網 不射宿(조이불망익불사숙)
공자는 낚시질은 하되 그물질은 하지 않았으며,
사냥을 하되 잠자는 새는 쏘지 않았다.

《논어(論語)》의 〈술이편(述而篇)〉에서 사생활을 통한 공자의 성품을 표현한 글이다. 욕심을 부리면 스스로 함정에 빠지게 된다. 자신의 약점에 코가 꿰게 된다. 공자와 강태공의 마음으로 삶을 바라보자.

낚시꾼의 대명사인 강태공은 고대 중국 주나라 문왕 때 산둥성 사람으로, 본명은 여상이었다. 재능이 있었지만 '아직 때가 아니다.'라고 판단하여 강가를 찾아 천하의 경륜을 탐구하며 자연 속에서 낚시를 하며 보내고 있었다.

그가 사용한 낚싯바늘은 끝이 구부러진 것이 아니라 일자형 바늘이라서 물고기가 잡히지 않았다. 화가 난 그의 아내가 낚싯바늘을 구부려 놓았고 물고기가 잘 잡히자 그는 물고기를 모두 놓아주었다. 결국 아내는 그를 떠났다.

곧은 낚싯바늘로 때를 기다리며 세월을 낚던 강태공은 주나라 문왕의 초빙을 받아 그의 스승이 되었고, 무왕을 도와 상나라 주왕을 멸망시켜 천하를 평정한 후, 제나라 제후에 봉해져 그 시조가 되었다.

발상의 전환 1 - 세월을 낚는 낚싯바늘을 팔면 팔릴까?
발상의 전환 2 - 세월을 낚는 낚시 게임을 만들면 어떨까?
발상의 전환 3 - 어떤 내용을 담아야 세월을 낚을 수 있을까?

낚시를 소재로 한 영화 〈흐르는 강물처럼〉을 보면 도회지로 나갔던 형이 몇 년 만에 시골 고향으로 돌아오는데, 동생은 시골에서 계속 생활을 했기 때문에 낚시의 전문가가 되어 있었다.

어느 날 형이 동생의 낚시하는 모습을 보고 말한다.

"야, 너 정말 물고기 같구나!"

그때 동생이 형에게 이렇게 대답한다.

"아냐, 아직 멀었어. 물고기처럼 되려면 한 3년은 낚시를 더 해 봐야 돼!"

바로 그 3년의 시간이 꿈과 비전을 준비하는 기간이다. 남다른 상상력으로 세상을 바라보고 창의성을 발휘하는 토대가 되는 절대적 시간이다.

누군가는 1만 시간의 법칙을 이야기한다. 어떤 이는 한 분야에서 10년간만 집중해 보라고 충고한다.

시골에서만 지낸 동생은 형만큼 배우지는 못했지만 삶의 원리를 터득한 것이다.

'물고기를 잡으려면 물고기처럼 생각해야 한다.
물고기가 되어야 한다.'

마찬가지로 소비자를 사로잡으려면 소비자의 마음으로 생각해야 한다. 소비자의 눈으로 제품을 봐야 한다. 그 단계까지 가기는 힘들겠지만 매일매일 연습하면 가능하다.

제품의 입장에서 소비자를 바라볼 때까지!

람보, 록키로 유명한 액션 배우 실베스터 스탤론이 있다. 실베스터 스탤론은 무명 시절에 먹을 것이 없을 정도로 가난하게 살았다. 그렇게 생활고를 겪던 어느 날 그는 길을 가다가 우연히 포스터 한 장을 보게 되었다. 권투 챔피언과 무명의 선수가 시합을 하는 포스터였다. 대부분의 사람들은 그 포스터를 보고 그냥 지나갔을 테지만 실베스터 스탤론은 그 장면을 아주 유심히 보고 집에 와서 곰곰이 생각했다. 그리고 그날부터 시나리오를 쓰기 시작했다. 그는 그렇게 해서 만든 시나리오를 들고 영화사를 찾아갔다.

영화사의 제작자들은 그 시나리오를 읽고 나서

"맘에 드는데! 돈을 얼마 줄 테니깐, 우리한테 파세요."

라고 했다. 그러나 실베스터 스탤론은 싫다고 거절을 했다. 당시 실베스터 스탤론의 상황을 보면 거절할 수 있는 상황이 아니었다. 당장 먹을 음식을 구해야 하는 상황이었기 때문이다.

하지만 그는 그런 상황에서 거절할 수 있는 힘이 있었다. 미끼를 덥석 물지 않았다. 순간의 이득에 눈이 멀지 않았기에 오늘의 실베스터 스탤론이 탄생했다.

원고를 파는 것을 거절한 실베스터 스탤론은 영화 제작자에게 이렇게 말했다.

"영화 시나리오 비용은 한 푼도 안 주셔도 좋습니다. 대신 주인공으로 저를 써 주십시오. 제가 이 역할을 가장 잘 아는 사람입니다."

그렇게 해서 실베스터 스탤론은 그 영화의 주인공이 되었고 촬영 후 개봉된 영화 〈록키〉는 아카데미 감독상을 수상하게 된다. 그 후 실베스터 스탤론은 전 세계에서 최고의 배우로 성공한다.

인생의 밑바닥, 삶의 밑바닥에서도 발등에 떨어진 생계 걱정을 뒤로하고 더 큰 미래에 도전할 수 있는 힘!

우리는 록키에서 배워야 한다.

당신 눈앞엔 어떤 미끼가 있나요?

맷 데이먼은 오랜 기간 무명 배우였다. 그는 어느 날 친구 벤 애플렉과 공동 각본을 쓴다. 그들이 쓴 시나리오는 여러 영화사들을 전전하다가 마침내 '미라맥스'라는 영화사를 만난다. 무명의 맷 데이먼은 영화사에 당당하게 얘기한다.

"주연은 내가 직접 하겠다."

그들이 만든 영화 〈굿월헌팅〉은 아카데미 9개 부문에 후보로 오르고, 각본상을 수상하게 된다. 단 1년만에 무명 배우에서 세계적인 스타로 급부상하게 되는 순간이었다. 남우주연상 후보에도 오르게 되었던 맷 데이먼은 1998년 피플지가 선정한 세계에서 가장 아름다운 남자 50인에 선정되었으며, 2002년에는 가장 매력적인 독신남 25인 중 한 명으로 뽑혔다.

그 후 스티븐 스필버그의 추천으로 〈라이언 일병 구하기〉의 라이언 역할, 브래드 피트가 바빠서 거절한 영화 〈본 아이덴티티〉의 주연을 맡아 자신만의 명성을 확고히 해 나간다.

낚시를 가면 누구나 미끼를 사용한다.
매혹적인 미끼에 눈멀어 덥석 물고 마는
물고기가 되지는 말자.

"자녀들에게 물고기를 주는 대신 고기 잡는 법을 가르쳐라!"

그런데
…
…

나도 모르는 고기 잡는 법을
어떻게 가르쳐 주지?

사람들은 왜, 저마다의 약점에 코가 꿰일까?
욕심 때문일까?

내 마음이 들리니?

청진기는 환자의 몸 안에서 들리는 소리로 몸의 질병을 진단하는 의료 기기이다. 1816년 프랑스의 라에네크가 어린이들이 긴 나무막대를 가지고 한쪽에서 다른 쪽으로 신호를 전달하는 타전 놀이를 하는 것에서 힌트를 얻어서 발명하였다. 당시의 청진기는 둥근 원통으로 되어 있어서 한쪽 귀로만 들을 수 있고, 진단할 수 있는 부위도 가슴, 복부 등 큰 부위로 한정되어 있었다. 1851년 레아레드에 의해 두 귀를 통해 듣는 쌍귀형 청진기가 발명되었고, 오늘날 쓰이는 쌍이 청진기는 1854년에 미국의 카만이 발명하였다. 소리를 확대하여 여러 사람이 동시에 들을 수 있도록 한 청진기, 옷을 벗지 않고 옷 위로 청진할 수 있도록 음을 증폭하는 전자 청진기 등도 있다.

다음 두 가지 중에서 무엇이 더 중요하다고 생각하십니까?
1. 소리를 들을 수 있는가?
2. 소리를 판별할 수 있는가?

소리를 듣고 판단하고 진단하기 위해서는 전문 지식과 경험이 필요하다. 지식이 없으면 아무리 잘 들려도 소용이 없다.

가장 큰 지식은 나를 아는 것입니다!

베트맨은 어린 시절의 악몽을 떨쳐 버리지 못해 성인이 되어서도 정서적 혼란을 겪었고, 슈퍼맨은 인간과 외계인 사이에서의 자신의 존재를 확인하고자 자신의 별나라에 갔다가 〈슈퍼맨 리턴즈〉라는 영화로 되돌아왔다. 스파이더맨은 거미의 초능력을 가지게 된 후 가장 처음 한 일이 격투기장에 돈을 벌러 가는 것이었다.

우리가 알고 있는 수많은 영웅들도
처음에는 자신의 정체성을 확립하지 못하였다.

who are you?

얼마 전에 명강사협회 회장님을 만났는데
식사를 하면서 그분이 나에게 물었다.
"왜 명강사 협회 회원으로 안 들어오십니까?"
그때 나는 망설이지 않고 바로 대답했다.
"저는 강사가 아닌데요!"
"예? 강의를 하시잖아요?"
"제 정체성 속에 강사라는 직업은 없습니다.
강사로 돈을 벌거나 성공하고 싶은 생각도 없습니다.
저를 한 마디로 정의한다면 '콘텐츠 생산자'입니다."

당신은 어떻습니까?
당신을 한 마디로 표현한다면?

유명한 작가, 강사, CEO 등을 모시고 석세스TV에서 매주 세미나를 진행하면서 배운 것이 하나 있다.

세상의 속도에 상관없이 빠르든 늦든 자기만의 속도로 가는 사람이 성공한다는 것이다.

자기만의 속도로 가는 사람은 자기 내면의 소리를 듣는 사람이다.

Who are you?

부부싸움은 대개 사소한 것으로 시작된다. 이런 걸 가지고 왜 싸웠나 후회된다. 내가 이렇게 소심한 놈인가 자책도 해 본다.

큰아들이 중학교 2학년 때였다. 정말 말도 안 되는 일로 부부싸움을 하고 있었다.

내가 아내에게 말했다.

"이런 걸로 싸우는 걸 들으면 애들이 웃겠다, 웃겠어!"

바로 그때 큰아들 연호가 방문을 열면서 말했다.

"아빠, 정말 웃겨요."

세월이 흘렀다.

이제 둘째 원호가 중학교 2학년이 되었다.

그날도 사소한 일로 아내와 다투고 있는데, 둘째가 흘깃 쳐다보더니 자기 방에 가서 A4 용지에 무엇인가를 적어 왔다.

"엄마, 아빠. 두 분이 이것 같이 읽어 보세요."

부부싸움을 하다 말고 아내와 나는 얼떨결에 종이를 받아서 읽어 보았다.

거기에는 다음과 같은 내용이 적혀 있었다.

〈꼭 생각할 것〉

1. 싸우기 전에 이 글을 읽어 볼 것. 순서대로 읽을 것.

2. 싸움이 왜 났는지 생각하고 나의 잘못 생각해 볼 것.
내가 어이없이 싸웠다면 싸운 다른 사람도 어이없을 것이다.

3. 타인 입장에서 생각해 볼 것.
관점을 바꿔 생각해 보란 말이다. 내가 무엇 때문에 화가 나 있다면 타인
은 왜 화가 났을지 생각해 본다.
관점을 나에게 두게 되면, 곧 그 사람의 심정이 어떨지 생각하지 않게 되
고 이기적이게 된다.

4. 사람을 이해할 것.
서로가 타인의 관점으로 생각해 봤다면 그 사람의 기분을 알고 이해해 주
어야 한다. 서로 이해하지 못하는 것은 서로 간의 믿음이 없는 것이다.

5. 서로 존댓말 할 것.
반말을 하며 싸울 때와 존댓말을 하며 싸울 때의 차이가 뭔지 아는가? 모
른다면 해 보고 어떤 점이 다른지 생각해 보아라.

〈자기가 싸운 게 아니라고?〉
*자신이 싸운 게 아니라고 느낄 수 있지만 타인이 보기엔 아주 격한 싸움
으로 보일 수도 있다. 싸운 게 싸운 것으로 느껴지지 않는다면 당신은 곧 싸
움중독자이다.

*아주 작은 다툼이라도 큰 싸움으로 생각하면 싸움은 나지 않을 것이다.
왜냐? 그렇게 생각하면 알 것이다.

'사람의 가슴속을 꼭 눈으로 봐야만 치료할 수 있을까?'

서로의 마음을 들으려 노력한다면 사소한 부부싸움은 일어나지 않을 것이다. 이성으로 접근하지 못하고 감정을 다쳐 분노하고 있는 아빠와 엄마에게 현명한 방법으로 정신을 차리게 해 준 원호가 고맙다.

원호가 생각지도 못한 방식으로 부부싸움을 말린 것처럼, 청진기를 발명한 의사 라에네크도 이런 의문을 가졌을 것이다.

마음이 들리는 청진기는 못 만드나요?
마음이 들리는 게임기는 어떤가요?
마음이 들리는 휴대전화는 어떨까요?

실제 마음이 들리지는 않지만 그 느낌을 전하는 제품은 가능할 것 같다.

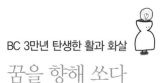

BC 3만년 탄생한 활과 화살

꿈을 향해 쏘다

활과 화살은 사냥을 하는 가장 오래되고도 효율적인 무기이며 날아다니는 새도 잡을 수 있다.

발상의 전환
1. 이동 공간과 거리의 제한을 극복하게 한다.
2. 활+화살 : 둘이 하나가 될 때 능력이 발휘된다.

영화 〈최종병기 활〉을 보면 병자호란으로 청나라에 잡혀간 누이를 구출하기 위한 조선 최고의 신궁 남이의 이야기가 나온다.
영화를 보면서 생각했다.
'많은 사람들이 자신만의 주특기, 자신만의 장점을 발휘하는 최종무기를 개발하려고 노력하고 있다.'

그런데 아무도 훔쳐 가거나 모방할 수 없는
진정한 최종무기는 어디에 있을까?

세상이 바뀌고 무기가 바뀌고 환경이 변해도
진정한 최종병기는 오직 당신뿐입니다!

고구려의 시조인 주몽은 겨우 일곱 살이었을 때에 스스로 활과 화살을 만들어 쏘았는데 백발백중이었다. '주몽' 이라고 부르게 된 것도 활 잘 쏘는 것을 주몽(朱蒙)이라고 했던 부여의 속어에서 비롯된 것이라는 기록이 있다.

스위스는 한때 오스트리아 왕가의 지배를 받아 왔다. 지배 관리인 게슬러는 윌리엄 텔에게 그의 아들 머리 위에 사과를 올려놓고 활로 쏴 떨어뜨리라는 명령을 내렸다. 실수하면 아들은 죽는다.
확신이 없으면 활시위를 당길 수 없다.

비전을 향해 당기는 당신의 활은 어떤가?
확신이 설 때까지 무수히 연습하라.
그리고 당신만의 최종병기, 백발백중 활을 만들어라.

**절대 실수하지 않을 자신감이 생겼다면
이제 꿈을 향해 쏘이ㄱ"**

큐피드의 화살은 두 종류가 있다.
1. 황금 화살 - 맞으면 사랑의 감정이 생긴다.
2. 납 화살 - 맞으면 미움의 감정이 생긴다.

납 화살을 남발하는군.

매를 버는 자여, 빨리 도망가라!
머뭇거리다가는 대포에 맞는다.

사랑의 화살을 만들 수는 없을까? 있다면 누가 살까?

예측 불가능한 상황을 상상하고 준비해야 한다.

1868년 탄생한 컴퓨터 자판

QWERTY 자판을 쓰다

컴퓨터 자판은 컴퓨터 입력장치로서 키보드(keyboard)라고 불린다. 미국 표준 배열인 101키에 한/영 키, 한자 키가 추가되어 모두 103개의 키로 되어 있다. 최근에는 여기에 윈도 키 3개가 더 붙은 106키 형태의 한글 키보드가 표준화되었다.

> 왜 QWERTY 자판이라고 하나요?

> 왼쪽 상단의 키보드의 글자 배열이 Q, W, E, R, T, Y, …처럼 되어 있기 때문이지. 이 배열은 사용적인 측면에서 빨리 치게 하기 위해서가 아니라 오히려 좀 느리게 만들기 위해 구성되었다. 초기 기계식 타자기가 너무 빠른 속도에 의해 엉키는 문제점을 고려해서지.

퀴티(QWERT) 자판은 1868년 미국 신문 편집자인 숄스가 만들었고 레밍턴에게 이 특허를 팔았으며 레밍턴은 1873년 타자기를 만들 때 처음 사용하였다.

중국어, 일본어, 프랑스어, 독일어, 스페인어, 이탈리아어, 라틴어 등 각 나라 자판을 개발한 사람들은 얼마나 힘들었을까?
한국은 공병우 박사가 1949년 수동식 타자기를 개발하면서 세벌식 자판을 만들었다.

요즘 아이들은 자판을 입력장치로 사용하지 않고 대부분의 시간을 게임용으로 쓰고 있다.
자판기 스스로 지문을 인식해서 어린이들의 게임을 원천 차단할 수 있다면?

휴대전화와 스마트폰이 대중화되면서 자판 기능은 이제 손 안으로 들어왔다. 한 손으로 입력하고, 문자 보내고, 전화도 걸고 하려다 보니 전화기 회사마다 자판 입력 방식이 달라지게 되었다. 자판이 불편해서 쓰던 회사 제품을 계속 사용하는 사람들도 생겨났다.
타자기와 달리 컴퓨터는 화면을 보면서 자판을 배울 수가 있어서 초보자들은 타자 게임을 사용하는 것이 일상화되었다.

키보드에서 '한/영 키' 한 번만 치면 한글과 영어로 글자가 바로 바뀌어 입력된다. 만약 이 기능이 없었다면? 이 기능이 있어도 글자를 변환하는 데 많은 어려움을 겪어야 한다면?
편하게 자판을 사용하고 있는 이 순간에도 감사해야 할 사람들이 있다. 자신의 노력으로 세상을 편하게 만드는 사람들이 있다.

이제 우리가 그런 사람이 되자.

지금 당신이 불편을 느끼는
제품이나 행동은 어떤 것이 있는가?
그 불편을 개선하려는 마음가짐이 신제품을 만들어 낸다.
우리도 할 수 있다.

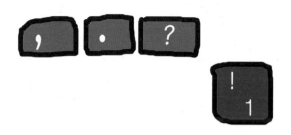

내가 개인적으로 좋아하는 자판들이다.
쉼표, 마침표, 물음표.

그런데 그 중에서도 가장 좋아하는 자판은 느낌표다.
왜 느낌표를 물음표 옆에 두지 않고 숫자가 있는 왼쪽 제일 상단에
두었을까? 더구나 물음표 밑에는 왜 숫자 1을 놓았을까?

깨달음을 가장 우선시하라는 뜻이지 않을까?

똑같은 자판에서 ㅋㅋㅋ와 ㅋㅋㅋ가 표현되듯이
사람의 정신 상태에 따라서 우리 인생도 ㅋㅋㅋ가 될 수도 있고,
만족스러운 웃음소리를 낼 수도 있다!

대화보다 더 진한 그 무엇

문자 메시지는 SMS(short message service)로 자신의 감정을 80byte, 한글 40자로 전달할 때 주로 쓰이며, 이모티콘을 많이 사용한다. 최근에는 스마트폰과 카카오톡, 아이폰의 아이메시지 등의 무료 문자 서비스가 대세다. 청소년층이 주로 사용하였으나 지금은 일반화되었다.

문자 메시지 + 공부

매일 고사성어, 영어 숙어, 유머, 유익한 동영상 등을 규칙적으로 발송하여 지속적인 공부를 유도할 수 있다. 적은 양이지만 습관화되면 큰 지식이 된다.

공부를 하는 가장 좋은 방법은 문자를 받기만 하지 말고 자신만의 일정한 주제를 정해서 지인들에게 하루에 한 번씩 문자를 발송하는 것이다. 나 같은 경우에는 한 달에 1, 2회 정도 내가 직접 그린 카툰을 문자로 발송한다. 만화라는 특성 때문인지 글보다 효과가 큰 듯하다. 조금 더 준비를 하여 〈고도원의 아침편지〉처럼 매일 아침마다 인생의 의미를 깨우치는 카툰 한 편씩을 사람들이 휴대전화로 받아볼 수 있게 할 예정이다.

문자 메시지 + 무료

카카오톡, 마이피플, 아이메시지, 네이트온 등을 통해서 무료로 문자를 사용하게 되었는데, 공짜라고 기뻐만 하고 있을 것인가?

유용하게 활용할 방법은 없을까?

무료 문자메시지를 사업으로 연결할 수는 없을까?

대량의 문자를 남발하여 스팸 메시지를 보내면 안 되겠지만, 선거운동 때 활용한다든가 기후 변화와 일기예보, 천재지변의 대피 안내 메시지를 보내는 것은 공익적 사용으로 적합하다. 모 백화점은 종이 청구서를 없애고 문자 청구서로 대체한다고 하는데 지구 온난화와 환경 보호에 앞장서면서 회사의 이미지도 좋아지게 하는 일 같다.

특히 SMS는 누구나 사용할 수 있기 때문에 적극적으로 아이디어를 발굴하면 신규 사업으로 전망도 밝다.

문자 메시지 + 음성

아이폰의 음성인식 기능인 '시리'로 인해 대중화되고 있다. 한발 더 나아가서 '문자+영상', '문자+압축 표현법' 등 지금보다 훨씬 간편한 글자 입력 방식을 연구하고 개선하면 좋겠다.

잘 쓰고 있는데 개선하려는 이유? 얼마 후에 새로 나온 글자판을 보면서 '아, 그때 내가 생각했던 건데'라며 후회할 수도 있기 때문이다.

나는 휴대전화를 사고 처음 문자를 보낼 때 글자 띄어쓰기를 하지 못했다. 숫자와 한글을 변화하는 것도 하지 못했다. 그러니 문자를 보내는 일이 고역이었다. 그러던 어느 날 그런 내 모습이 답답했는지 직원 한명이 문자 메시지 사용법을 가르쳐 주었다.

'아 이렇게 쉬운 거였구나!'

방식을 알면 어떤 것이든지 쉬워진다.

문자 메시지＋부모와 자녀

자녀들이 사춘기로 접어들면서 부모와 자녀 사이의 대화는 점점 줄어든다.

스마트폰은 줄어드는 자녀와의 소통을 원활히 해 주는 첨단기기로 이용할 수 있다. 자녀의 반응이 없더라도 꾸준히 문자를 주고받다 보면 서로의 관심사와 고민을 알게 될 것이다.

부부 사이의 관계를 돈독히 하는 데에도 문자 메시지가 도움을 줄 것이다.

지금 당장 배우자에게
유쾌한 유머 하나를 보내 봅시다!

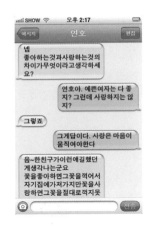

문자를 주워 담아라!

쏟아진 물을 담아 보았는가?

한 번 쏟아진 물은 다시 주워 담을 수 없다.

한 번 발송된 문자 메시지도 다시 주워 담을 수 없다.

기분과 감정을 표현할 때에는 신중해야 한다.

화가 났을 땐 절대 문자를 보내면 안 된다.

돌이킬 수 없기 때문이다.

발상의 전환 - 불쾌지수 측정폰

불쾌지수를 측정하여 화가 났을 때에는
문자 발송을 차단한다.

1921년 탄생한 로봇
인간과 공존하다

"아빠, 사람들은 왜 어렸을 적에 품었던 꿈을 못 이룰까요?"

"응, 그건 노력이 부족해서지."

"아빤 어릴 적 꿈이 뭐였는데요?"

"과학자가 되는 것이었지."

"왜요?"

"로봇을 만들려고 했지. 태권V 같은."

"근데 아빤 꿈을 왜 못 이루었어요?"

"……"

아들 녀석 말솜씨가 엄청 늘었군.

로봇이라는 말은 체코어의 '일한다(robota)'라는 뜻으로, 1920년 체코슬로바키아의 작가 K. 차페크가 쓴 희곡 〈로섬의 인조인간(Rossum's Universal Robots)〉에 처음 쓰였다. 정신노동과 육체노동을 인간과 똑같이 할 수 있으나 인간적 감정과 영혼을 가지지 못하며, 마모되었을 때에는 폐품이 되어 신품과 교환할 수 있는 인조인간을 등장시켰는데, 이는 훗날 영화 〈아이로봇〉의 줄거리와 유사하다.

로봇은 노예인가?

영화 〈아이로봇〉을 보면 인간의 안전을 최우선으로 하는 '로봇 3원칙'이 나온다.

1. 로봇은 인간을 다치게 해선 안 되며, 행동하지 않음으로써 인간이 다치도록 방관해서도 안 된다.
2. 법칙 1에 위배되지 않는 한 로봇은 인간의 명령에 복종해야만 한다.
3. 법칙 1, 2에 위배되지 않는 한 로봇은 스스로를 보호해야만 한다.

앞으로 우리가 살아가야 할 미래는 더 많은 로봇과 공존하는 시대가 될 것이다. 사람의 행동 유형과 일하는 방식을 연구하여 3D 업종을 대체할 기계를 만들어야 한다.

기계가 할 수 있는 일은 기계에게 맡겨라!

사람만이 할 수 있는 일이 어떤 것인지 찾아라. 그것을 연구하고 집중할 때 경쟁력이 생겨날 것이다.

우리 주변엔 누가 살고 있을까?

조앤 롤링은 '우리 이웃엔 마법사가 산다'는 아이디어로
〈해리포터〉 시리즈를 만들었다.
배리 소넨필드는 '우리 이웃엔 외계인이 산다'는 아이디어로
영화 〈맨인블랙〉을 만들었다.
마이클 베이는 '우리 이웃엔 로봇이 산다'는 아이디어로
영화 〈트랜스포머〉 시리즈를 만들었다.

당신 주변엔 누가 살고 있습니까?
'우리 이웃에 누가 살까?'라는 작은 발상이 세상을 놀라게 하는 작
품이 된다.

외국인 노동자는 로봇인가?
더럽고 힘들고 어려운 3D 업종에 종사할 한국 사람들이 줄어들면서

외국인 노동자들이 그 일자리를 대신하고 있다.

또한, 한국 여성의 지위가 높아지고 경제력이 생기면서 독신이 늘어나자 한국 남자들은 결혼할 배우자를 찾는 데 어려움을 겪게 되었다. 이로 인해 많은 외국 여성들이 한국으로 시집을 오고 있다. 이들을 대하는 우리의 태도는 어떠한가?

우리 이웃엔 외국인 노동자와 이주 여성들이 살고 있다.

그들은 로봇이 아니다.

같은 하늘, 같은 땅에서 공존해야 할 이웃이다.

그들의 다양성을 감싸 주고 이해할 때 다른 관점으로 세상을 볼 수 있다.

영화 〈터미네이터4 : 미래 전쟁〉에서 사형수 마커스는 2018년에 자신의 의지와는 상관없이 인간의 외모를 한 기계 인간으로 재탄생한다. 인간도 로봇도 아닌 마커스가 적인지 동료인지 구별하기 어렵자 저항군 리더 존 코너가 묻는다.

"넌, 누구냐?"

"난 인간이다."

존 코너가 다시 묻는다.

"Who are you?"

마커스는 자신의 정체성에 혼란을 느낀 나머지 흐느끼며 외친다.

"I don't know."

마커스는 비록 기계의 몸을 하고 있었지만
그 속엔 따뜻한 인간이 살고 있었다.

"당신 속에는 기계가 살고 있습니까?
인간이 살고 있습니까?"

안철수 교수는 말한다.

"고민을 통해서 자신이 진정 무엇을 원하는지를 알아나가는 것이
중요하다. 최근 10년 사이 페이스북, 트위터, 징가, 그루폰 등 새로운
소셜 IT 미디어 기업이 생겨나고 위아래와 좌우의 경계가 허물어지는
탈권위주의와 융합의 시대, 세계화 시대로 접어들고 있다. 이런 초고속
화 시대에 '나'를 찾는 것이 무엇보다 중요하다."

평생을 로봇으로 살지 않으려면,
먼저 자신을 들여다보자.

8천만 불의 제작비를 투입하여 2017년의 미래를 그린 SF영화
〈써로게이트〉! 한 과학자가 인간의 정
신과 기계의 무한한 능력을 결합하
여 발명한 인간 대행 로봇, 써로
게이트!

로봇이 인간 대신 사회
생활을 하는 동안 사용자
는 편안히 집에서 안전
한 생활을 할 수 있다.
덕분에 세상은 범죄와
폭력, 공포가 없는 이
상적인 사회가 되었다.
단, 사람들은 점점 게을
러지고 뚱뚱해져 간다.

제가 원하는 로봇은
34-24-36의 몸매에
금발머리, 아기 피부,
큰 눈, 오뚝한 코,
계란형 얼굴이에요!

업무에 지칠 때 누구나 이렇게 생각한다.

'나 대신 출근할 로봇이 있었으면 좋겠다!'

슈퍼마켓에서 과일을 고르듯이 얼굴, 외모, 피부와 머리색까지 마음
대로 골라서 제2의 삶을 살 수 있다면!

그렇게 된다면 과연 행복할까?

희망하는 로봇을 골라서 칩 하나만 바꿔 끼우면 내 마음대로 움직이
는 세상. 그러나 사람들은 더 힘들어하고 우울증에 빠져든다.

문제는 몸이 아니라 정신이다!

육체를 바꾸거나 고치려 하지 말고
정신을 건강하게 가꾸자.

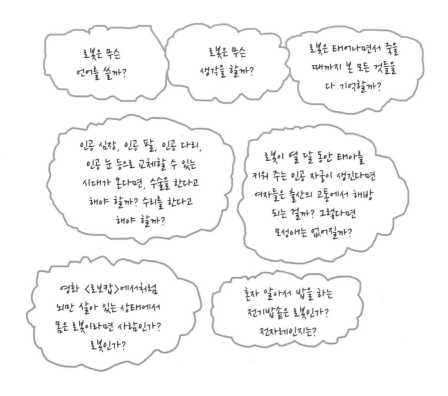

호기심이 생기면 끝없이 파고들어야 한다.
비록 그것이 아버지의 비밀일지라도…….

얼마 전 모 장관이 자신의 딸을 5급 공채 특채에 합격시켜서 공직에
서 물러난 일이 있었다. 그 일을 보면서 도대체 5급 공무원이 연봉을
얼마나 받길래 저러나 궁금해서 인터넷 검색창에
  '5급 공무원 연봉이 얼마입니까?'
라고 써서 검색해 봤더니 수많은 글들이 검색되었다.

그 중 무작위로 하나를 열어 보니, 중학교 3학년 학생이 자기 아버지의 연봉이 궁금해서 올린 글이 떴다.

"현재 중학교 3학년인 학생입니다. 저희 아버지가 구청에 25호봉 사무관 입니다. 아버지가 매일 돈이 없다고 그러시는데 대체 연봉이 얼마쯤 되는지 궁금합니다."

어떤 사람이 댓글을 달았는데, 연봉 계산표를 올려놓고 난 다음 밑에 이렇게 적어 놨다.

'받을 만큼 받으시니까 용돈 올려 달라고 하세요.'

이 아이는 용돈을 올려 받았을까?

결과는 어떻게 되었든지 간에 아이는 호기심을 해소했다.

판단의 근거가 생겼다.

아버지 월급이 적다고 생각하면 용돈을 올려 달라고 하지 않을 것이고, 많다고 생각하면 떳떳하게 용돈을 올려 달라고 할 것이다.

"나의 뇌는 특별하지 않다.
다만 남들보다 조금 더 생각할 뿐이다."
-아인슈타인-

4부

상상하면 이루어진다

지우개 • 엎질러진 물은 주워 담을 수 없다지만   연필 • 그 힘을 믿어 보세요
주전자 • 추억까지도 담을 수 있다면   주판 • 내일도 사용할 수 있는 재능입니까
건전지 • 미리미리 충전하는 사람   지퍼 • 시작이 좋아야 한다   자전거 • 처음 타
게 되던 날 잊을 수 없네   단추 • 작은 일에도 법칙이 있다

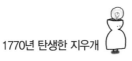

엎질러진 물은 주워 담을 수 없다지만

고대 이집트인들은 파피루스에 잉크로 썼던 상형문자를 젖은 헝겊으로 지웠다. 돌에 잘못 새겨진 글자는 파내고 구멍을 메운 다음 다시 새로 문자를 새겨 넣었다. 완벽한 사람은 없다. 누구나 실수를 한다. 그래서 고치고 싶어 한다. 글자도 마찬가지다. 1772년에 우연히 연필로 글을 쓴 종이를 고무로 문지르다 글씨가 지워지는 것을 발견한 후 고무지우개를 만든 것은 영국의 화학자 조지프 프리스틀리였다.

연필 + 지우개

1867년 7월, 가난한 화가 지망생이었던 15세의 하이만은 데생이 잘못돼 지우개를 찾던 중 어디에 두었는지 생각이 나질 않아 그림을 그릴 수가 없었다. 그래서 지우개에 실을 꿰어 연필에 매달아 사용해 보았는데, 연필을 사용할 때마다 지우개가 거추장스럽고 불편한 것이었다. 그러다가 '연필 위에 지우개 모자를 씌우자'라는 생각이 떠올랐고, 친구 윌리엄의 제안으로 특허를 출원하였다. 특허출원을 마친 뒤 하이만은 리버칩 연필 회사에 1만 5천 달러를 받고 '지우개 달린 연필'의 특허권을 팔았다. 연필이 한 자루 팔릴 때마다 이익금의 2%를 받는다는 조건도 포함했다.

최근에 개그맨 이경규씨는 우연히 개발한 꼬꼬면으로 꼬꼬면이 한
개 팔릴 때마다 로열티를 받고 있다.

**눈을 크게 뜨고 관심을 가지면
기회는 어디에나 있다.**

지우개가 연필 자국을
지우는 원리는?

볼펜은 잉크 입자가 작아 글씨를 쓰면
잉크가 종이의 섬유질 사이로 들어가서
지워지지 않지. 그런데 연필은 흑연 가루가
굴어서 종이 위에 올라타고 있는 상태가 되네.
이 흑연가루를 고무로 묻혀 내는 것이네.

음……
이 친구 모자를 썼군.
연필 머리에 고무를
모자처럼 씌울 수
있겠다!

잉크는 못 지울까?

1870년대 들어 타자기가 보급되면서 사무직 여성의 능력을 '타자를
얼마나 빨리 칠 수 있는가'로 평가했는데, 타자기는 한 글자를 잘못 치
면 처음부터 다시 쳐야 했다. 비서였던 그레이엄도 마찬가지였다. 잉크
를 지울 수 있는 방법을 고민하던 그녀는 1951년 매니큐어처럼 덧칠해
서 지울 수 있는 수정액을 만들었다.

미국의 유명한 과학출판인 존 브록만은 저명한 과학자 110명에게 '지난 2천 년 동안의 가장 위대한 발명품이 무엇이었나?'고 물었다. 컴퓨터, 시계, 피임약, 민주주의, 인쇄 기계, 아스피린, 거울, 망원경에 이르기까지 각양각색의 대답이 나왔다.

그 중 저명한 과학저술가 더글러스 러시코프는 매우 인상적인 답변을 했다. 그가 내놓은 답은 바로 '고무지우개'였다. 거기에다 컴퓨터의 'delete 키, 화이트, 헌법 수정 조항' 등을 덧붙였다.

"인간의 실수를 수정하는 모든 것을 꼽고 싶다. 지우개는 우리의 참회소이며, 용서하는 자이며, 타임머신이다."

만약, 지우기만 하고 수정할 수 없다면 어떤 일이 벌어질까?

머릿속에서 나쁜 추억을 지우고 싶은데, 지워진 자리에 새로운 추억이 쌓이지 않는다면 어떻게 될까?

영화 〈내 머릿속의 지우개〉와 얼마 전 종영한 TV 드라마 〈천일의 약속〉은 치매에 걸린 여자에 대한 이야기이다. 치매(dementia)는 라틴어에서 유래된 말로 '정신이 없어진 것'이라는 뜻이다. 지우개로 뇌 속에 저장된 정보를 깨끗이 지워 버린 것처럼 정상 생활을 하던 사람이 기억력, 언어능력, 방향감각, 판단력 등을 잃어 가는 것이다. 1907년 독일의 정신과 의사인 알로이스 알츠하이머 박사에 의해 보고되었고 아직 근본적인 치료법은 발견되지 않았다. 단, 머리를 많이 쓰는 사람이 발병률이 낮다고 한다. 뇌세포는 한 번 손상되면 재생이 안 된다. 그렇다면 미래에는 정부가 기억을 관리해 주는 세상이 올까?

부지런히 상상력 훈련을 하자!

고등학교 때 친구 한 명이 칼로 성적표를 긁어내고 있었다. 부모님의 확인 도장을 받아오기 위해 등수 위조 작업을 하고 있는 것이었다.

지우고 싶은데 지워지지 않는 것들은 어떻게 해야 할까?

초등학생들에게 물어 보았다.
"지우개로 무엇을 할 수 있을까?"

학생 1 : 지우개를 지우고 나면 남는 지우개 똥을 뭉쳐서 지우개 똥 멀리 날리기 게임을 해요.

학생 2 : 그냥 지우개를 변기통에 던져요. 그리고 물을 내려요. 지우개가 어떤 모양으로 변기 속으로 사라지는지 관찰해요.

학생 3 : 사춘기 형을 위해서 여드름 지우개를 만들어요.

학생 4 : 포스터컬러, 물감을 지우는 지우개를 만들어요.

지운 것을 기억하는 지우개는 어떨까?

영화 〈죽이고 싶은〉

같은 병실에 입원한 뇌질환자 민호와 기억 상실증 환자 상업.

차츰 기억이 되살아나면서 둘은 서로가 원수지간이라고 생각한다.
원한을 갚으려고 성치 않은 몸으로 상대를 학대하는 두 환자를 지켜
보던 간호사가 의사에게 묻는다.

이상해요.
언제부터인가 두 환자가
같은 행동을 보이고 있어요.

음…감응정신병이군요.
정신질환의 일종으로
같이 붙어 있는 두 환자가
같은 환상이나 환청을
보거나 듣기도 하지요.

감응정신병! 생각도 전염이 된다.
그렇다면 나는 타인에게 어떤 생각을
전염시키고 있는가?

**인터넷과 같은 디지털 문명이 발달하면서
지우고 싶은 모든 추억들이 어딘가에 저장되고 있다.**

페이스북을 사용하는 아들에게 말했다.

"먼 훗날 네가 유명인이 될 수도 있다. 그런데 십 대 때 무심코 올린 한 줄의 글이 네 운명을 바꿔 놓을 수 있다. 무심코 남기는 글이라도 신중하게 적도록 해라."

그날 아들은 부정적으로 썼던 자신의 글 하나를 삭제했다.

최근에 직원들과 함께 영화를 보러 갔다. 직원 한 명이 늦게 오는 바람에 엘리베이터 앞 휴게 의자에서 기다리는 지루함을 달래기 위해 게임을 했다. 참석한 직원들이 천 원씩 걸고 영화관에 있는 여러 개의 엘리베이터를 찍어서 내리는 사람의 인원수가 홀수인지, 짝수인지 맞추는 게임을 하자고 제안했다.

재미도 있고 호기심도 있어서 '1번 엘리베이터 짝수, 2번 엘리베이터 홀수'라고 하면서 홀짝 게임을 하고 있었다.

그러나 엘리베이터에서 내리는 그 어떤 사람도 누군가가 자기들의 수를 세어 보기 위해 자기네의 모습을 관찰하고 있다는 사실을 모르고 있었다. 그렇다면 그들의 모습을 관찰하며 홀짝 게임을 하는 우리의 모습을 지켜보는 다른 이는 없었을까?

CCTV는 알고 있다.

지금 이 순간 누군가는 나를 지켜보고 있다.

기술이 더 발전한다면 한 사람이 태어나면서 죽을 때까지 자신도 모르게 촬영되었던 모든 CCTV 영상을 동사무소나 경찰서에서 승인을 받아 볼 수 있는 날이 오지 않을까?

<최윤규. 2011년 11월 11일.
빼빼로데이. 저녁 7 ~ 8시
촬영된 모든 영상물>
다운로드 하시겠습니까?
본 정보는 유료 서비스 입니다.

위 영상물을 삭제하고 싶으시다면
1시간 분량 당 1천만 원의 세금을
납부하셔야 합니다.

2011.11.11 빼빼로 데이
최윤규가 촬영된 CCTV

　빼빼로데이를 챙길까 말까 궁리하다가, 아내에게 선물을 해 주기로 마음먹었다. 예전에 한 번 꽃을 사 들고 갔더니 아내가 돈으로 주지 아깝게 왜 꽃을 사왔느냐고 핀잔을 준 적이 있었다. 그래서 궁리했다.

　급할 때 하나씩 빼서 쓰라고 장미 한 송이 한 송이를 만 원짜리로 일일이 감싸서 포장했다. 이번에는 아내가 '꽃 왜 사 왔어'라는 말을 하지 않았다.

　이 세상이 한 사람으로 줄어들고
　한 사람이 신으로까지 확장되면 그것은 사랑이다. -빅토르 위고

상상력이란?

생각이 유연하게 흐르도록 매듭을 푸는 것이다.

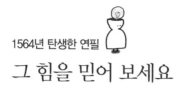

그 힘을 믿어 보세요

"요즘 누가 손으로 써요?"

회의 때 직원들은 스마트폰과 아이패드 등을 가지고 온다. 입력하고 기록할 것들을 사진으로 찍기도 한다.

젊은 시절부터 어디를 가든지 항상 메모지와 볼펜을 가지고 다니던 나도 요즘에는 필기도구를 가지고 다니지 않는다. 편리해서 좋기는 한데, 손으로 쓰는 활동을 하지 않는 까닭에 내용물이 머리에 저장되는 시간이 짧아짐을 느낀다. 신체의 자극이 적어질수록 뇌도 퇴화되어 가는 것일까?

예전에는 사람들이 나이가 들어가면 들어갈수록 글씨를 더 잘 썼는데 요즘 젊은이들을 보면 성인이 되어도 초등학생 같은 글씨체를 가진 사람들이 많다. 학교 과제물도 컴퓨터로 출력을 해서 제출하니 연필을 사용할 일은 점점 더 줄어들 것이다. 이 추세라면 필기류 사업과 종이 사업은 쇠퇴하게 될까?

"'쓴다'는 게 무슨 뜻이에요?"

가까운 미래에 당신의 자녀가 이런 질문을 할 수 있다. 자판을 두드려 입력하고 사용하는 시대에 이제 조금 익숙해졌는데, 손끝으로 종이 대신 모니터를 직접 터치하는 시대로 접어들었다. 우리는 손가락이 곧 연필이 되는 시대에 살고 있다. 인류 역사상 '쓰기'라는 행동이 가장 빠르게 줄어드는 시대, '쓰기'라는 의미가 가장 빠르게 '타이핑하다, 사진 찍다'라는 뜻으로 변환되는 시대에 살고 있다.

하지만 디지털이 할 수 없는 일을 연필이 한다.

아무리 문명이 발달하여도 창조적 활동은 손끝에서 나온다. 연필을 잡고 생각을 쓰고 표현하고 그리는 활동에서 상상력이 싹튼다.

연필의 힘을 믿어 보세요!

기계가 할 수 없는 일을 해야 경쟁력이 있다.

현재 당신이 하는 일은 어떤 일입니까? 당신이 없어도 기계가 대신 할 수 있는 일입니까? 지금은 아니어도 5년 후면 기계가 내 일을 대신 할 일입니까?

스마트폰으로 그림 그리는 앱을 다운 받았다. 거기에다가 내가 사람을 하나 그려서 둘째 원호에게 보여 주었다.

"원호야. 너도 한번 손가락으로 그림을 그려 봐라."
라고 하면서.

대부분의 사람들은 자신이 본 그림의 틀에서 크게 벗어나지 않는 그림을 그린다. 더구나 15살 원호는 스마트폰의 사용법도 모르고, 그림 앱에 어떤 기능이 있는지도 모르는 상황에서 10여 분을 만지작거리더니 휴대전화를 가지고 왔다.

"아빠 다 그렸어요."

아빠가
손가락으로
그린 그림

그림을 보는 순간 깜짝 놀랐다.
'어, 이 녀석 봐라?'

사람이나 동물을 그려올 줄 알았는데 채색이 잘 된 풍경을 그려 온 것이었다. 더구나 손가락으로……. 그림을 가르친 적도 없고, 배운 적도 없는데 자신의 마음 상태와 감정의 흐름에 따라 손가락이 가는대로 표현해 온 것이었다. 아빠의 그림을 보고 따라하지 않고, 고정관념의 틀을 깬 전혀 다른 방식으로 표현하였다.

원호가 손가락으로 그린 첫 그림

"그럼 이번에는 다른 그림을 그려 보아라."

아이에게 어떤 재능이 있는지 궁금해서 나는 또 다른 그림을 그리게 해 보았다.

원호의 그림을 보면서 생각했다.

'이 아이는 세상을 보는 눈이 나와 다르구나!'

마침 그때가 추석이었다. 그래서 하늘의 달을 그려 보라고 했다.

15살이 될 때까지 난 아들에게 어떤 재능이 있는지 모르고 있었다. 그래서 원호에게 말했다.

"미술학원을 다닐래? 손가락이 아니라 연필과 미술 재료를 마음대로 사용할 수 있는 손의 느낌을 배우거라."

며칠 있다가 원호가 사람은 어떤 형태로 그릴지 궁금해서 사람을 그려 보라고 했다.

원호가 얼굴, 눈, 코, 입을 그릴 줄 알았는데 바탕색만 칠하고 있었다. 그 바탕 중에 유난히 노란 곳이 있어서 달이나 태양을 그리려는 줄 알았다.

완성된 그림을 보는 순간 내 생각이 틀렸음을 알았다.
노란색은 달이 아니라 가로등이었다.

내가 어린 시절 연필로 가장 많이 했던 놀이 중 하나는 바로 '연필
따먹기'였다. 몽당연필이든, 새 연필이든 상관없이 책상 위에서 상대의
연필을 맞추어 떨어뜨리면 이기는 놀이였다. 때로는 필통에 다 넣지 못
할 정도로 연필을 많이 딸 때도 있었다. 당시 대부분의 연필은 육각형
모양이었다.

이 육각형 연필은 1761년 독일 남부 뉘른베르크 인근 오두막에서
얇은 나무 막대기 사이에 흑연심을 끼워 팔던 파버카스텔이 처음 고안
해 낸 것이다. 연필 하나로 사업이 될까 싶었지만, 이 회사는 다양한 아
이디어를 바탕으로 제품을 개발하여 전 세계 120개 국가에 진출하는
거대 기업이 되었다.

파버카스텔 CEO에게 기자가 물었다.

"인류는 100년 뒤에도 연필을 쓰고 있을까요?"

"연필은 경제적이면서 환경친화적입니다. 그렇기 때문에 수백 년 동안 존재해 왔습니다. 러시아 우주 비행사 유리 가가린이 1961년 인류 최초로 지구 궤도를 선회했을 때 우주에 가지고 간 필기구가 무엇인지 아십니까. 바로 연필 한 자루였습니다. 완벽한 무중력 상태에서도 지속적으로 쓸 수 있는 유일한 필기구죠. 지금은 연필에게 위기가 아닙니다. 연필에서 어린이용 색연필, 예술가용 화구, 화장용 붓과 연필 등 우리가 만드는 다양한 제품을 지역별로 어떻게 배분하느냐가 중요합니다. 그것을 잘 캐치해 내는 것이 우리의 장점입니다. 앞으로 쓰기는 줄어들지 몰라도 그림을 그리고 색을 칠하는 창조적 활동의 비중은 더욱 커질 것입니다. 우리는 단순히 '쓰는' 필기구만 만들지 않고, 창조적 활동과 관련된 도구를 개발하며 미래에 대비하고 있습니다."

연필과 연관된 제품은 무엇이 있을까?

연필깎기, 지우개…….

그럼 이제 쓰기와 상관없이 생각해 봅시다.

배고플 때 먹을 수 있는 연필, 마술 도구가 들어있는 연필, 강도를 만났을 때 호신용으로 사용하는 초강력 연필, 라이터가 부착된 연필, 심심할 때 사용하는 다트 연필, 야외에서 연필이 두 개로 분리되면서 젓가락으로 사용하는 연필, 휴대전화 방전 시 급충전 해 주는 연필, 연필이 엄청 커서 들어가서 잠잘 수 있는 침대가 있는 연필…….

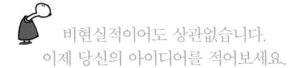 비현실적이어도 상관없습니다.
이제 당신의 아이디어를 적어보세요.

연필은 창의 도구로 우리 앞에 새롭게 나타날 것입니다.

영화 〈소셜네트워크〉

겉으로 보이는 것이
전부가 아닙니다.
다양한 방향에서
바라볼 수 있을 때,
우리도 〈페이스북〉을
능가하는 아이디어를
발휘할 수 있습니다!

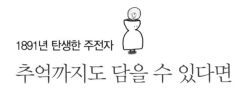

추억까지도 담을 수 있다면

주전자는 인류가 보다 편리하게 위생적으로 물을 끓여 먹을 수 있게 한 제품이다.

"할아버지 드시게 막걸리 한 되 사 오너라."

막걸리 심부름은 어린 시절 가장 많이 했던 심부름 중에 하나였다. 걸어서 다녀올 땐 별로 흘리지 않았는데, 자전거로 막걸리를 사올 땐 1/3은 쏟았던 것 같다.

절대 내용물을 흘리지 않는
뚜껑이 달린 주전자는 못 만들까?

주전자는 흙으로 만든 옹기 주전자에서 양은 주전자로, 그리고 전기 주전자로 발전했고, 지금은 보다 더 편리한 무선 전기 주전가가 일반적으로 사용되고 있다.

일본인 후쿠이에는 건조한 방안에 수분을 공급하려고 난로 위에 주전자를 올려 두었는데 물이 끓으면서 뚜껑이 들썩거려서 시끄럽자, 송

곳으로 주전자 뚜껑에 구멍을 하나 뚫었다. 이 것으로 특허를 낸 그는 많은 돈을 벌었다.

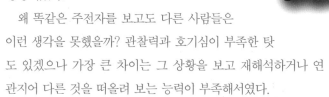

와튼은 주전자에서 나오는 수증기를 보고 증기기관을 발명했다.

영화 〈로보트태권V〉 감독은 주전자로 로봇 을 만들었다. 물과 상관없는 새로운 분야로의 상상이었다.

왜 똑같은 주전자를 보고도 다른 사람들은 이런 생각을 못했을까? 관찰력과 호기심이 부족한 탓 도 있겠으나 가장 큰 차이는 그 상황을 보고 재해석하거나 연 관지어 다른 것을 떠올려 보는 능력이 부족해서였다.

축구나 야구부 등에서 후보 운동선수들의 처음 임무는 주전자 나르 기였다. 주전자 뚜껑은 잔으로도 사용된다. 한때는 고문용으로 주전자 를 사용하기도 했다. 어떤 막걸리 집은 벽면 인테리어를 양은 주전자 로 했다. 또 다른 막걸리 집은 천정 인테리어를 주전자 뚜껑으로 했다. 주전자 뚜껑의 수증기가 나오는 구멍에서 몇 가지 음악이 연주되게 할 수 있을까? '삐' 소리 말고, 오케스트라 연주처럼 다양한 악기 소리가 동시에 나오게는 할 수 없을까? 주전자 뚜껑에 계란 삶는 공간이 있다 면 물을 끓일 때마다 삶은 계란을 먹을 수 있을 것이다. 온도계가 달려 있다면 조금 더 편리할까?

수돗물이 정수되는 주전자, 화분으로 사용하는 찌그러진 주전자,
바닥에 구멍을 뚫어 콩나물 시루로 사용되는 주전자,
자취할 때 라면을 끓여먹던 주전자…….
가장 소중한 주전자는 아련한 추억이 담긴 주전자다!

영화 〈레지던트 이블 4〉

T-바이러스가
전 세계를 위험에 빠트리자
주인공 앨리스의 복제 인간
클론들은 좀비들을 제거하기
위해 적진에 뛰어든다.

이 복제 인간들은 주인공과
똑같이 판단하고, 위험을 감지하고
생각하는데, 왜 서로를 바라보면서
'어째서 우리가 똑같이 생겼지?'
라는 의문을 가지지 않는 것일까?

창조적 사고방식의 기본은
〈왜?〉라는 호기심으로 세상을 보는 것이다!

내일도 사용할 수 있는 재능입니까

주판은 인류가 고대부터 지금까지 사용한 가장 중요한 계산 수단 중 하나이다.

처음엔 나무 알이나 뼈를 깎아 만들었다.

주판은 중국에서 발명되었다. 후한말의 서악이 쓴 〈수술기유 數術記遺〉에 주산이라는 말이 나온다. 주판이 널리 보급된 것은 15세기 중반이며, 이전에는 나무 막대기로 계산을 했다.

70~80년대에는 우수한 성적의 여학생들이 상업고등학교로 진학을 많이 했고, 그 학교의 특성상 주산, 부기, 타자의 자격증은 졸업 전까지

필수로 따야만 했다. 내가 군대에 입대할 때만 하더라도 행정병으로 지원 입대하려면 타자 자격증이나 차트 자격증이 있어야 했다. 그런데 요즘은 타자 자격증이 없어도 누구나 컴퓨터 자판을 잘 친다. 주산 자격증이 없어도 계산기만 있으면 쉽게 계산을 할 수 있다. 컴퓨터 프로그램을 사용하면 모든 수치와 합산이 자동으로 계산된다. 주산으로 불가능한 계산까지 가능해졌다. 이러한 시대에 '타자 경력 30년의 노하우가 있다.' 또는 '주산 경력 40년의 배테랑이다'라는 프로필이 의미가 있을까?

20년 경력의 약사 한 분이 이런 말씀을 하셨다.

"대학 시절까지 포함해서 20년의 약사 경력과 노하우가 쌓였습니다. 환자가 문을 열고 들어오면 그 환자 얼굴만 보아도 '아, 어디가 아프구나'하고 감을 잡고 약을 처방할 수 있었습니다. 약사로서 자부심도 대

단했습니다. 그런데, 어느 날 정부에서 내려온 공문을 보게 되었습니다. '내일부터 의약분업이 시행된다. 이제 모든 약사들은 의사의 처방전 없이는 약을 조제할 수 없다'는 내용이었습니다. 이제 내 20년 노하우가 내일부터 필요 없어지면 나는 무엇을 해야 할까요?"

어느 날 갑자기, 20년 동안 쌓아둔 나의 경력과
전문 지식이 소용없어 지는 시대가 온다면
어떻게 해야 하는가?

대중교통을 이용하여 업체 미팅을 가는데 휴대전화로 시간을 계산해 봤더니 1시간 10분 정도 걸리는 거리였다. 지하철에 자리가 없어서 서서 가고 있는데 내 양 옆에 서 있는 사람들의 앞 자리는 가는 동안 몇 번씩이나 비는 것이었다. 그런데 내 앞에 앉아 있는 이 사람은 일어날 생각을 않는 것이었다. 결국 그 사람은 언제 일어났느냐? 내가 내려야 할 정거장을 한 정거장 남겨두고 일어섰다. 나는 다음 정거장에서 내려야 하는데 이 자리에 굳이 앉아야 할까?

당신은 어떻습니까?

나는 너무 억울해 비록 한 정거장, 2분밖에 걸리지 않는 짧은 시간이지만 그 자리에 앉았다. 그런데 그 자리에 앉았을 때 지금까지 서서 왔던 그 고생이 너무 아까워서 다음 정거장에 내리지 않는다면 어떻게 되겠는가?

지하철이라고 생각하지 말고 우리 인생의 기차라고 생각해 보자.

내 인생의 기차에서 지금까지 투자하고 노력한 것이 너무 많은데, 꿈을 실현하려면 다음 정거장에서 내려야 한다.

모든 것을 떨치고 내릴 수 있을까?

사실 이것을 결정하기는 쉬운 일이 아니다. 그러나 확실한 것은 정말 꿈이 있고 목적이 있는 사람이라면 자신의 꿈을 위해 다음 정거장에서 내릴 것이라는 사실이다.

미래를 움직이는 트랜드를 읽고 내가 내릴 정거장을 판별하는 지식을 쌓아야 한다. 아무리 아까워도 포기해야 할 때가 있다. 20년 경력의 노하우를 가졌지만 시대가 원하지 않는다면 내려놓아야 할 때인 것이다. 그 때 내려놓지 못하면 변화의 끝으로 내몰리게 된다.

큰아들 연호의 중학교 3학년 겨울방학이 끝나기 한 달 전에, 나는 아들을 불러 놓고 말했다.

"이제 이 겨울방학만 끝나면 고등학교에 입학하는구나. 연호야, 너 고등학교 1년만 늦게 가면 어떻겠니?"

"왜 1년 늦게 가죠?"

"네가 하고 싶은 일이 참 많잖니. 드럼도 배우고 싶고, 노래도 하고 싶고, 공부도 하고 싶고 여러 가지 배울 게 많은데 차라리 1년 동안 놀면서 네가 진짜로 하고 싶은 것 한 가지를 세 달씩 해 보도록 하자. 1년이면 네 가지를 할 수가 있다. 그 중에 네가 정말로 잘하는 것들이 있고, 3개월 동안 아침 9시부터 밤 10시까지 한 가지 일만 했을 때 지겹지 않고 재미있는 일이 있다면 그게 너의 적성이 될 수 있을 거다."

난 연호에게 3일 동안 시간을 주었다. 3일 후에 연호는

"아빠 그냥 고등학교 갈래요."

라고 답했다. 친구 때문에 고등학교를 가야 한다는 것이 그 이유였다.

진정한 꿈을 찾기 위해선
잠시 쉬어가는 것도 필요하다.

대학에 가서 4년 동안 열심히 주산을 배웠는데, 전자계산기와 컴퓨터가 나왔다면 빨리 배운 것을 내려놓거나, 새로운 아이템으로 응용해 나가야 한다. 더 중요한 것은 그 시기가 오기 전에 준비되어 있어야 한

다는 것이다.

미래를 읽는 상상력은 그래서 필요하다.

얼마 전 텔레비전에서 〈다큐 3일〉이라는 프로그램에 신림동 고시원에서 고시 공부를 하는 학생들이 나온 적이 있었다. 그 방송을 중학생인 둘째 아이와 같이 보게 되었다.

"아빠, 저 사람들은 하루 이틀도 아니고 몇 년씩 어떻게 저렇게 살지요? 저렇게 살면 미쳐 버릴 것 같은데 왜 저 사람들이 안 미칠까요?"

그때 내가 아이를 보고 말했다.

"꿈이 있으면 미치지 않는단다."

꿈이 있는 사람은 길게 봅니다.

꿈이 있는 사람은 크게 봅니다.

아까워서 내려놓지 못하는 당신의 재능은 무엇입니까?

그 재능을 현재 쓰고 있습니까?

내일도 사용할 수 있는 재능입니까?

물고기는 눈꺼풀이 없다. 그래서 눈을 감지 않는다!

꿈과 비전에 눈 감지 않는
물고기 한 마리
가슴속에 있나요?

미리미리 충전하는 사람

이정향 감독의 영화 〈집으로〉를 보면, 7살 상우는 엄마 손에 이끌려 시골 외할머니 댁에 맡겨진다. 말도 못하고 글도 못 읽는 외할머니가 혼자 살고 계신 시골 외딴집에 남겨진 상우는 따분함을 달래기 위해 서울에서 가지고 온 전자 오락기를 꺼내든다. 하지만 건전지가 떨어진 사실을 알게 된 상우는 건전지를 사기 위해 잠든 외할머니의 머리에서 은비녀를 훔친다.

상우가 필요로 한 건전지는 1877년 프랑스의 르클랑셰가 기전력 1.5V 정도의 전지를 발명한 것이 시초다. 이 전지는 10년 후에 밀봉용기를 음극으로 하는 것으로 개량하였다. 건전지는 거듭 개선되어 통신용 전원, 라디오, 램프, 전자시계, 리모콘, 카메라, 휴대전화, 보청기, 면도기 등에 쓰이고 있다.

"왜 아이폰은 건전지 교환이 안 되는가? 스티브 잡스는 바보인가?"

내가 싸이월드를 만든 이동형 대표에게 물었다. 이 대표는 말했다.

"아마 잡스는 이렇게 생각했을 것이다. 건전지의 발전 속도는 무섭게 빠를 것이다. 얼마 후에는 한 번 충전으로 일주일을 사용할 수 있는 휴대전화가 나올 것이다. 그렇다면 지금 애플은 어디에 집중해야 할까? 바로 디자인이다."

정말 건전지의 발전 속도는 빠르다. 최근에 모든 자동차 회사들은 미래 자동차의 운명을 전기 자동차에 걸고 연구를 거듭하고 있다. 충전용 전기 비행기, 충전용 전기 탱크, 충전용 전기 항공모함도 나오지 않을까?

북극을 조사하는 탐험대는 '내한건전지(耐寒乾電池)'라는 특수한 건전지를 사용하는데, 이 건전지는 영하 45℃까지 견딘다고 한다.

이 세상에서 가장 큰 에너지는 마음속에서 나온다. 내 속에 에너지가 있다.
열정의 에너지가 끓어 넘칠 때 우리의 눈은 초롱초롱해진다.

"이런 사람이 됩시다!"

2009년 아카데미는 케이트 윈슬렛에게 여우주연상을 안겨 주었다. 수상작 〈더 리더: 책 읽어 주는 남자〉에서 그녀가 맡은 역의 '한나'는 배운 것은 없지만 성실하고 책임을 다하는 전철 차장으로 나온다. 게으름 피우지 않고 열심히 일한 결과 그녀는 사무직으로 승진했다는 통보를 받게 된다. 문제는 그때부터였다.

승진이 되었다면 기뻐해야 한다.
그런데 한나는 걱정만 쌓여 갔다.
사무직은 문서를 작성해야 하는데,
그녀는 글을 읽고 쓸 줄 모르는 '문맹'이었기 때문이다.

당신은 승진이 되면 기뻐합니까, 불안해합니까?

시간이 있을 때 준비해야 합니다.
기회는 언제 올지 아무도 모릅니다.
미리 공부해 두었다면 '한나'는
승진이 무서워 도망가지는 않았을 겁니다.

급하게 어디론가 떠날 때, 카메라가
방전되어 있는 경우가 많습니다.
미리 준비해야 합니다.
인생도 마찬가지입니다!

시작이 좋아야 한다

대학교 때 연애 시절, 아내와 함께 친구들이 있는 장소에 가게 되었다. 바지 주머니에 두 손을 넣고 폼을 잡고 가고 있는데, 저 앞에서 아내가 뛰어오며 내 앞을 가로막으며 말했다.

"남대문 열렸어. 빨리 올려!"

아내가 먼저 보았기에 망정이지 그대로 갔다간 정말 큰 망신을 당할 뻔했다.

하필이면 왜 '남대문'이라고 했을까? 외국을 나갔을 때 누군가 조용히 다가와 "XYZ"라고 말한다면 "Examine Your Zipper"의 의미로, 지퍼가 열렸으니 점검하라는 뜻이라 한다.

그것도 몰라? 남자에게 달려 있는 문이 열렸다는 뜻인데……

지퍼의 발명

배가 나와서 신발 끈을 못 매겠네.

1893년 미국의 엔지니어 W. L. 저드슨은 뚱뚱해서 신발 끈을 매기가 불편했다. 군화의 많은 끈을 매고 출근을 하려니 지각을 피할 수 없었던 그는 사장으로부터 질책을 받았다. 이에 발끈한 저드슨은 아예 회사를 그만두고 '군화의 끈매기'를 개량하는 연구에 몰두해 결국 지퍼를 발명해냈다. 그가 만든 지퍼는 군화의 끈을 매는 불편함을 덜 수는 있었지만, 의복용에는 적합하지 않았다.

그 뒤, 양복점을 운영하던 C. 쿤 모스가 1912년에 오늘날과 같은 모양의 지퍼를 고안하였고, 지퍼라는 이름은 1923년 B. F. 굿리치(Goodrich Co.)에서 처음 사용되었다.

원래 지퍼의 명칭은 미끄러지며 잠근다는 의미의 'slide fastener'였는데, 장화를 열고 닫을 때 나는 '지지~직' 소리에 착안하여 '지퍼(Zipper)'라는 장화의 상표를 개발하면서 이름이 바뀌게 되었다.

나는 어렸을 때 지퍼를 '작크', '자꾸'라 불렀는데, 이는 일본말이다.

지퍼에게 배운다

1. 시작이 좋아야 한다.

지퍼를 잠글 때 가장 먼저 무엇을 하는가? 왼쪽 지퍼 끝을 오른쪽에 있는 슬라이더 속에 넣게 된다. 이때 잘 들어가지 않는다고 대충 걸친 상태로 지퍼를 채우면 중간이 벌어지게 된다. 처음이 중요하다.

2. 잘 맞물려야 한다.

지퍼 양쪽에 부착되어 있는 이빨은 슬라이더가 지나가면서 결합 또는 분리되는 작은 조각들인데, 지퍼를 올릴 때 이물질이나 옷이 낀 상태에서 그대로 올리면 나중에 이빨이 벌어진다. 벌어지지 않는다 해도 올린 지퍼를 다시 내릴 때 고생하게 된다. 모든 일에는 순서가 있듯이 하나하나 잘 맞물려야 한다.

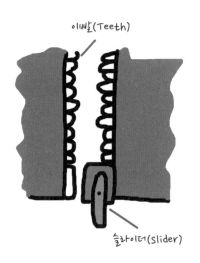

이빨(Teeth)

슬라이더(Slider)

3. 느슨함을 방지한다.

바지 지퍼를 잘 살펴보면, 지퍼를 올리는 슬라이더 안쪽에 뾰족한 부분이 있다. 이 부분을 지퍼를 다 올린 상태에서 안쪽으로 꾹 밀어 넣어 두면 지퍼가 절대로 내려가지 않는다. 고리 풀림을 방지하는 장치인 것이다.

우리의 마음가짐에도
이런 풀림 방지 장치가 필요하다.

나약해지거나 의욕이 사라질 때 지퍼의 원리를 다시 한번 생각해 보자.

1만 시간의 법칙

왜 세계 지퍼 시장의 60% 이상을 YKK가 차지할까?

YKK는 일본 요시다 공업(Yoshida Kougyou Kabusikigaisya)의 약자다. 1만 번 이상 열고 닫아도 끄떡없는 내구성 덕분이다. 아무리 작은 것이라도 정말 잘 만들면 경쟁자는 없다. 나이키, 아디다스, 루이비통, 페라가모, 리바이스 등 전 세계 명품들은 대부분 YKK를 사용한다.

사람에게도 1만 시간의 법칙이 적용된다. 1만 시간! 이는 시장을 장악하는 법칙이며, 사람이 자기 인생의 주인으로 살아가는 습관과 재능을 배우는 시간이다. 지금부터 시작하자.

발명? 발견?

콜럼버스가 미국 대륙을 발명했다고 하지 않는다. 발견했다고 한다.

발견(discovery)은 이미 존재하는 어떤 것을 밝혀내는 것이다.

발명(Invention)이라는 단어의 어원은 '찾아내다', '생각해 내다'는 뜻의 라틴어이다. 이는 발견과는 다르다.

기존에 존재하지 않았던 새로운 것을 창조하는 것이 발명이다. 발명을 하기 위해선 뛰어난 두뇌가 필요한 것이 아니다. 불편을 개선하려는 의지와 '왜?'라는 호기심, 사물을 다르게 보고, 거꾸로 보는 작은 훈련들에서부터 시작된다. 그런 시간이 모여서 1만 시간이 되었을 때, 똑같은 사물을 보더라도, 똑같은 상황에 처하더라도 새로운 해답을 찾아내는 통찰력이 생긴다. 안목이 생긴다.

대부분의 사람들은 매일 사용하는 지퍼를 보면서도 별 생각을 하지 않을 것이다. 그런데 누군가는 이런 생각을 한다.

'양쪽으로 열면 어떨까? 여행 가방에 사용하면 편리하겠다.'

투 웨이(2 way) 지퍼가 탄생한다.

'청바지에는 달면 안 될까?'

리바이스 청바지는 1954년에 처음으로 지퍼 달린 바지를 내놓았다.

'여자의 가방에 지퍼를 달면 안 될까?'

디자이너 에밀 모리스 에르메스는 1922년 사업차 갔던 캐나다에서 캐딜락 자동차 내부에 붙어 있던 지퍼를 발견하고, 지퍼를 프랑스에 독점적으로 수입하여 가방에 달았다. 지퍼를 달은 최초의 가방 '볼리드(Bolide)'의 시작이었다.

요리사는 꽃을 보고도 음식을 생각한다. 목수는 죽은 나무 속에서 안락한 의자를 생각한다. 시인은 한 줄기 빗방울에서 자연의 노랫소리를 듣는다.

모두 1만 시간을 투자한 사람들이다. 1만 시간을 투자했을 때에만 보이는 선물이다.

디자이너 엘사 스키아파렐리는 패션에 새로운 재료와 소재를 사용하는 것을 두려워하지 않았다. 그녀에게 보이는 모든 것이 옷의 소재였다. 그녀는 지퍼를 사용한 여성용 옷을 최초로 만들었다.

그녀는 말한다.

"옷을 디자인하는 것은 내게 직업이 아니라 예술이다. 나는 그것이 가장 어렵고 만족을 허락하지 않는 예술이라는 것을 알았다. 옷은 탄생과 동시에 이미 과거의 것이 되어 버리기 때문이다."

아이디어도 마찬가지다. 상상력도 마찬가지다.

탄생과 동시에 과거의 것이 되어 버린다. 멋진 과거를 만들기 위해 오늘 1만 시간의 준비가 필요하다.

지퍼도 처음 발명된 이후 대중화될 때까지 수십 년이 필요했다.

그 시간을 즐기자. 과정을 즐기자!

위대한 업적은 모두 한때 불가능하다고 생각했던 일들이다. -작자 미상

이 사람들 중에 똑같은 생각을 하고 있는 사람은 단 한명도 없다.
당신만의 유일한 그 생각을 발전시키는 것이 바로 상상력이다!

처음 타게 되던 날 잊을 수 없네

자전거는 가장 경제적인 교통수단이며 운동 기구이다.

자전거를 처음 구상한 것은
레오나르도 다빈치라고 전해진다.
그의 아이디어 작품집에 나무 자전거
형태를 구상하였고 스케치와
설계도가 남아있다.

최초 자전거는 방향 전환이 불가능해서
목마라고 불렀다. 1790년 프랑스의
귀족 콩트 드 시브락이 만들었다.

방향을 바꿀 수 있다면?

프랑스의 사진의 발명가 니엡스가
1818년에 '벨로시페데(Velocipede)'라고
부르는 조향 자전거를 만들었다.

1818년 독일의 드라이스가 목마의 바퀴를 개량하여
만든 드레지엔(Draisine)이 원조라는 설도 있다.

바퀴 + 바퀴
바퀴 두 개를
어떻게 연결시킬까?

바퀴 + 안장 = ?

바퀴 + 페달 = ?

내가 처음 탄 자전거는 세발자전거였다. 일곱 살이 되었을 때 보조바퀴가 달린 두발자전거를 탔었는데, 처음 배울 때에는 겁이 나서 발을 땅에 대고 끌고 다녔다. 최초의 자전거가 그랬다. 사람이 발로 땅을 차면서 앞으로 나가도록 만들어졌었다. 공기타이어를 붙인 자전거는 1886년에 이르러서였다.

보조바퀴를 떼고 처음 자전거를 타게 되던 날!

그때의 추억을 아직 간직하고 계신가요?

사람은 누구나 언젠가는 홀로서기를 해야 한다.

이제 생각과 아이디어의 홀로서기를 준비하자!

1905년 12월에 제정되어 실시된 '가로관리규칙'에 "야간에 등화 없이 자전거를 타는 것을 금한다."라는 조문이 있는 것으로 보아 우리나라엔 이 무렵에 자전거가 보급된 것 같다.

자전거는 1인용 자전거, 2인용 자전거, 산악 자전거, 접이식 자전거, 전기 자전거로 발전하였고, 자전거전용도로가 만들어지면서 얼마 후면 자전거로 안전하게 전국일주를 할 때가 올 것이다.

모터 + 자전거 = 오토바이 (그렇다면 오토바이는 자전거인가?)

자전거 + 경주 = 경륜

자전거 + 집안 = 실내용 자전거

자전거 + 보트 = 오리 보트

자전거 + 행글라이더 = 프로펠러를 돌리는 자전거가 달린 행글라이더

자전거 + 정수기 = 물을 깨끗이 정수해 준다.

자전거 + 전기 = 전기를 생산한다.

자전거 + 세탁기 = 자전거 동력을 활용한 세탁기를 만든다.

자전거는 주로 하체 운동인데 바퀴를 손으로 돌리면서 움직이는 자전거를 만든다면?

운전대가 양쪽으로 달려 있어서 두 사람이 등을 맞대고 앉아 한 사람이 운전할 때 한 사람은 가만히 쉬어서 가는 자전거는?

영화 〈쩨쩨한 로맨스〉중에서

1235년 탄생한 단추

작은 일에도 법칙이 있다

BC 6000년 전 고대 이집트 시대에 짐승의 뼈, 이빨, 나무 등을 단추로 사용했다.

하지만 단춧구멍은 생각하지 못했다.

그래서 사람들은 단추를 단춧구멍 대신 천으로 만든 고리에 끼웠다. 이 모습이 마치 꽃봉오리와 같은 모습을 지녔다고 해서 라틴어로 'bouton'이라 부르던 것이 버튼(button)이 되었다.

19세기 산업혁명이후 기계의 발달로 인해 단추는 널리 보급되게 되었다. 동양의 옷에서 단추는 모두 같은 방향인데, 서양권에서는 남자 단추는 오른쪽에, 여자 단추는 왼쪽에 있다. 왜?

첫째, 남자의 단추가 오른쪽에 있는 이유는 오른손잡이가 품속에 있는 무기를 꺼내기 쉽게 하기 위해서라는 설명도 있다.

둘째, 여성이 아기를 안고 젖을 먹일 때 대부분 왼팔로 안고 왼쪽 가슴으로 먹이므로 단추가 왼쪽에 있는 것이라는 설명도 있다.

셋째, 산업혁명 이후 옷을 수입할 때 남녀의 옷을 구별하기 위함이었다.

넷째, 귀부인들이 하녀의 도움을 받아 옷을 입을 때 하녀가 채우기 편하게 왼쪽에 부착하였다.

구멍 + 구멍 = 옷을 채우는 역할을 못 한다.
단추 + 단추 = 옷을 채우는 역할을 못 한다.
단추 + 구멍 = 완전한 역할을 한다.

단추의 구멍은 너무 커서도 안 되고, 너무 작아서도 안 된다.
일의 계획을 세울 때에는
단추의 원리를 생각하도록 하자.

구멍이 없어도 단추를 사용하려면?
그래서 나온 것이 똑딱단추, 스냅(snap)이다.
필요하다면 스스로 만들어라.
상상하면 이루어진다.

애플의 스티브 잡스는 단추를 싫어했다. 그래서 단추가 없는 검은색 티셔츠를 즐겨 입고, 그가 만든 아이팟과 아이폰에는 버튼이 없다는 얘기도 있다.

단추를 채우면서

천양희

단추를 채워 보니 알겠다
세상이 잘 채워지지 않는다는 걸
단추를 채우는 일이
단추만의 일이 아니라는 걸
단추를 채워 보니 알겠다
잘못 채운 첫 단추, 첫 연애, 첫 결혼, 첫 실패
누구에겐가 잘못하고
절하는 밤
잘못 채운 단추가
잘못을 깨운다
그래, 그래 산다는 건
옷에 매달린 단추의 구멍 찾기 같은 것이야
단추를 채워보니 알겠다
단추도 잘못 채워지기 쉽다는 걸
옷 한 벌 입기도 힘들다는 걸

아내는 말한다.
"단추를 위에서 아래로 채워야지,
당신은 왜 밑에서 위로 채워요?"
단추를 채우는 데도 법칙이 있는 걸까?
옷 하나 입는데도 방식이 다른
우리 부부는 첫 단추를 잘 채운 걸까?
사랑하며 산다는 것은
그 다름을 인정하는 것이리라!

5부

상상력은 지식이 아니라 지혜다

불•영원히 꺼지지 않도록   가시 철조망•가시 돋친 두 가닥의 철사   텔레비전•진정 제2의 신인가?   자물쇠•긍정의 비밀번호를 만들자   바코드•모든 정보가 추적되고 있다   안전면도기•남성을 상처의 고통에서 해방시키다   전기면도기•칼날의 한계를 넘다   기관총•한 사람이 100명의 일을 하다   컴퓨터마우스•그의 운명은 어떻게 될까   안경•나는 이런 안경을 원한다   아스피린•내 인생의 상비약은?

BC 59만년 탄생한 불

영원히 꺼지지 않도록

불의 발견은 인류 역사를 변화시킨 충격적 사건이었다.

인간은 불을 사용함으로써 추위와 맹수로부터 몸을 보호할 수 있게 되었고, 식생활이 바뀌었다. 그러나 불을 발견한 것보다 더 중요한 사실이 있다.

첫째, 불을 보관하는 방법을 개발하였다.
보관할 수 있다는 것은 불을 가지고 이동하는 일도 가능해졌음을 의미한다.
둘째, 불을 응용할 줄 알았다.
토기를 만들거나 쇠를 다루게 된 것이다.
불을 가까이하는 일에 대한 두려움을 극복하고 도전한 사람들이 세상을 편리하게 변화시켰다.

만약, 불이 무서워 접근하지 못했다면
인류는 어떻게 되었을까?

누군가 '불을 포장지에 담아 보자'고 생각했다.
겨울철 손난로와 핫팩을 만들었다.
누군가 '불을 언제나 사용 가능한 에너지로 압축하자'고 생각했다.
건전지를 만들었다.

아이언맨은 자신의 생명장치인 에너지 동력을 가슴에 달고 다닌다.
둥근 원자로인데 꺼지지 않는 불이다.
아이언맨은 말한다.

"내 경험상 미래의 어떠한 무기도
인간의 본능, 직관, 판단력을 넘어설 수 없다."
세상이 아무리 변해도 인간의 능력을 뛰어넘는 기계는 없다.
위대한 존재인 당신 가슴엔 어떤 불이 있는가?
영원히 꺼지지 않는 불이 있는가?

제2의 불의 발견은
당신의 가슴속에서 시작되어야 한다!

사람은 누구나 자신의
수준만큼의 생각만 한다.
그 수준을 뛰어넘을 수 있게
하는 것이 상상력이다!

영화 속 상상극장에는 마법의 거울이 등장한다.

누구든지 그 거울을 통과하는
사람은 자신이 꿈꾸는
상상의 세계로 들어갈 수가 있다.

술꾼이 통과하면 술의 세상이 나오고,

허영심 많은 여자가 통과하면
보석의 나라가 나온다.

당신이 통과할 유리문 뒤에는
어떤 미래가 펼쳐져 있을까요?

나의
미래?

깨어나야 한다

이상한 일이 하나 있다.
문명이 발달한 현대 사회에서 수많은 사람들이
스스로 자신에게 주술을 걸어 쇠사슬의 고리에서
빠져나오지 못하고 있다는 것이다.

결자해지結者解之

매듭을 묶은 자가 풀어야 한다.
내가 스스로 만든 주술이라면 자신이 풀어야 한다.
주술을 풀면 당신의 꿈이 보인다!

대부분의 좀비가 나오는 영화의 스토리는 비슷하다.
'어렵게 살아남은 주인공이 다른 생존자를 찾아 나선다.
그러나 그가 그토록 찾았던 사람들은 더 이상
인간이 아니었다. 그들은 좀비로 변해 있었다.'
살아 있어도 이미 죽은 사람들!
비록 좀비는 아니어도 죽은 채로
걸어 다니는 사람들이 얼마나 많은가?

살아 있어도 이미 죽은 사람들!

그저 몸만 살아서 숨 쉰다고 해서
살아 있는 것이 아닙니다.
그것은 단지 생물학적인
존재일 뿐입니다.

상상은 죽어가는 정신과 영혼을
다시 깨어나게 하여 줍니다.
무궁무진한 생각의 힘을 믿고, 발휘하세요.

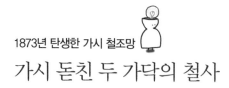

1873년 탄생한 가시 철조망

가시 돋친 두 가닥의 철사

가난한 대장장이의 아들로 태어난 조지프는 가정 형편상 중학교에
진학하지 못하고 양을 치는 목동이 되었다. 당시 13세의 목동이었던
그는 양들이 울타리를 넘어 이웃의 콩밭을 망가뜨리는 바람에 꾸중을
듣곤 했다.

"어떻게 하면 양들이 울타리 밖으로 나가지 않게 할 수 있을까?"

이 문제를 고민하던 중 그는 양들이 철사만 둘러친 울타리는 쉽게
넘나들지만 가시가 돋친 덩굴장미 울타리는 넘어가지 못하는 습성을
알아냈다.

"그래, 바로 그거야!"

조지프는 아버지를 찾아가 철사를 새끼처럼 꼰 철조망으로 울타리
를 만들었다. 덩굴장미의 가시 모양을 한 '가시 돋친 두 가닥의 철사'
로 된 가시 철조망은 이렇게 탄생했다. 가시 철조망을 두른 이후부터
양은 단 한 마리도 울타리를 넘어가지 못했다.

그는 목장 주인의 도움을 받아 국내외에 특허를 출원하고 공장을
세웠다. 가시 철조망은 처음엔 목장과 공장의 울타리 등에 사용되었
다. 그러나 때마침 제1차 세계대전이 끝날 즈음이어서 각국에서는 국
경선 표시 용도로 가시 철조망을 많이 필요로 하였고, 조지프는 엄청

난 돈을 벌 수 있었다.

가시 철조망의 특허권이 끝날 때까지 꾸준히 들어온 로열티는 그를 미국 최고 갑부로 만들었다.

그 후 철조망은 원형으로 된 윤형철조망, 포로수용소에서 사용한 전기 철조망을 거쳐 철조망이 필요 없는 무인 경비 시스템으로까지 발전했다.

"생각을 열어봐요!"

철조망을 끊고
밖으로 나와!
세상은 넓어.

"이제 더 이상 철조망에 대한 아이디어는 없다."
천만에! 닫힌 생각을 열어라. 철조망에 대한
특허만 570가지가 넘는다. 지금도 늦지 않았다.
기회는 있다.

청소년들을 모아 놓고 강의를 할 때 다음과 같은 문제를 낸 적이 있다.

6( )4+3( )6=10

위 괄호 안에 들어갈 것은?

직장인도 대학생도 맞히지 못했던 문제를
초등학교 3학년 어린이가 3초 만에 정답을 맞추었다.

영화 〈쿵푸팬더2〉

우리가 착각하는 것!
젖소는 수컷도 젖이 있을까?
염소는 암컷도 수염이 있을까?

호기심의 시작=창의성입니다.

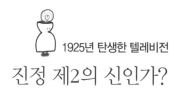

진정 제2의 신인가?

텔레비전(television)은 멀리 떨어진 장소에 전파를 이용하여 실제 움직임과 소리를 전기의 힘으로 화면에 나타나게 하는 장치이다. 텔레비전의 'tele'는 그리스어로 '멀리', 'vision'은 라틴어로 '본다'는 뜻이다. 1931년 미국에서 첫 방송이 나간 후, 1937년에 영국의 BBC 방송국이 세계 최초로 흑백텔레비전 방송을 시작했다. 한국은 1956년 세계에서 15번째로 도입되었다.

보이는 라디오!
활동사진이 붙은 라디오

내가 초등학교 3학년이던 1976년, 읍내에서 리 단위의 작은 산골로 이사를 가게 되었다. 우리 가족의 이삿짐이 도착하자 마을 사람들은 모두 호기심을 가지고 텔레비전 앞으로 모여들어서 '이게 뭐하는 거지?'라며 구경하였다. 왜냐하면 그때까지 그 동네에는 전기가 들어오지 않았기 때문이었다. 몇 년이 지나 그 동네에 전기가 개통될 때까지 텔레비전은 공간만 차지하는 박스에 불과했다.

읍내에 있는 할아버지 댁에서 김일 선수의 레슬링 경기를 보는 것은 텔레비전을 통해 얻는 즐거움 중 하나였다. 일본 선수를 맞아 통쾌한 헤딩으로 승리를 맞이하는 짜릿함은 큰 쾌감이었다. 그런데, 손자들이 모여 텔레비전을 보고 있을 때 할아버지께서는 두꺼비집의 전원 스위치를 내리시곤 하셨는데, 아마도 전기 요금이 많이 나올까 걱정하여 그러신 것 같다.

바보상자 : 스마트 TV

토니 슈워츠는 1980년대에 들어서면서 텔레비전을 '제2의 신'이라고 불렀는데 이는 수많은 사람들이 동시에 같은 내용을 시청하고 똑같은 생각을 나누게 만든다는 의미였다.

> 텔레비전을 통해 똑같은 정보를 받아들이면
> 결국 사람들은 바보가 될까?

그런데, 세상이 바뀌었다.

텔레비전이라는 모습도 사람들마다 다르게 인식하기 시작했다. 휴대전화, 스마트폰, 인터넷, 케이블TV, 지상파방송, 위성방송 등으로 선택의 폭이 넓어졌다. 아날로그에서 디지털로 전환되면서 수동적 시청에서 양방향 참여가 가능한 능동적 시청으로 바뀌었다. 기술의 발달로 입체TV, 체감형 TV가 등장했다. 연예인들의 텔레비전 노출 빈도가 잦아지면서 청소년들의 희망직업 1위는 연예 스타가 되어 버렸다. 스마트TV는 진정 '제2의 신'이 되어가고 있다.

음… 이 목욕탕은 다른 곳보다
항상 5kg 더 나가는군.
저울이 고장인 거야!

목욕탕 체중계만 올라가면 고민을 하던 아내가
한참을 망설이다가 드디어 헬스클럽 1년 회원권을 카드로 긁었다.
운동을 해서 뱃살을 빼겠다는 굳은 각오로 운동복과 신발도 새로
준비하였다. 아이들 저녁을 준비해 주고 운동을 가던 첫 날,
10시가 딱 되려던 순간에 아내는 헬스클럽에서
땀을 삐질삐질 흘리며 황급히 집으로 뛰어왔다.

"아니, 헬스장에서 샤워를 하고 오지 왜 그냥 왔어?"라는 내 말에 아내는
"일이 있어요"라며 건성으로 대답하고 바로 텔레비전 리모컨을 집어 들었다.
텔레비전에서는 연속극이 시작되고 있었다. 그 모습을 보면서 나는 생각했다.
'헬스장에서 운동하는 것보다, 연속극 보려고 뛰어오는 게 운동이 더 되겠군'

무엇이 이 여인을 이토록 강하게 끌어당겼을까?
텔레비전은 진정 '제2의 신'인가?

본질을 보는가?

청소년 캠프에 강의를 하러 갔다가 캠프 선생님이 아이들을 모아 놓고 꿈에 대해 발표를 시키고 있는 모습을 보았다. 학생들은 한 명씩 나와서 "나는 훌륭한 OOO이 될 것이다."라고 큰 소리로 외치고 있었다.

그 중 한 학생이 "나는 21세기에 훌륭한 아빠가 될 것이다."라고 발표를 하자, 선생님이 큰 소리로 말했다.

"훌륭한 아빠, 누구야? 나와."

"네 꿈이 고작 훌륭한 아빠야? 나와서 다시 발표해 봐."

선생님의 기세에 주눅이 든 아이는 "나는 훌륭한 과학자가 될래요."라고 다시 발표하였다. 나는 마음이 아팠다.

교육의 본질은 무엇인가?

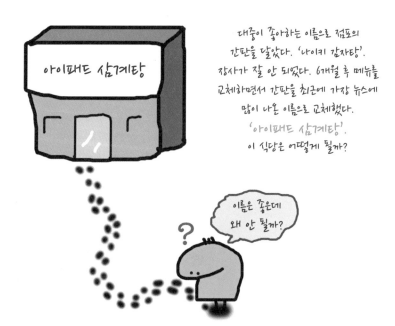

대중이 좋아하는 이름으로 점포의 간판을 달았다. '나이키 감자탕'. 장사가 잘 안 되었다. 6개월 후 메뉴를 교체하면서 간판을 최근에 가장 뉴스에 많이 나온 이름으로 교체했다. '아이패드 삼계탕'. 이 식당은 어떻게 될까?

이름은 좋은데 왜 안 될까?

식당의 본질은 유행하는 단어를 쫓아가는 것이 아니라, 차별화된 맛을 추구해야 하는 것이다.

진로 소주가 여성 월간지 시장에 진출하면서 월간지 제목을 〈진로여성〉이라고 하면 어떤 느낌이 드는가? 〈네이버 김밥전문점〉, 〈MS 커피숍〉은 어떠한가?

사업이든 사람이든 본질에서 벗어나면
원하는 결과를 얻을 수 없다.

몇 해 전에 모 카드회사가 '열심히 일한 당신, 떠나라'라는 광고를 했었다. 그 광고를 보던 아들이 카드 한 장을 달라고 하더니 텔레비전에 나오는 사람처럼 카드를 손바닥에 얹어 놓고 손을 뒤로 돌렸다.
순간 카드가 바닥에 떨어지자 나를 보고 말했다.
"아빠, 텔레비전처럼 카드가 손바닥에 붙어 있지 않아요.
왜 안 되죠?"
내가 웃으며 대답했다.
"넌 열심히 안 했잖아!"

본질을 볼 수 있어야 한다.

많은 사람들이 '떠나라'에 초점을 맞추고, '그래 인생은 바로 저런 것이야'라며 부러워하고 흥분했었다. 그러나 정말 떠날 수 있었던 사람은 '열심히 일하다'에 집중한 소수에 불과했다.

어쩌다가 부부싸움을 하게 되면 항상 떠오르는 생각이 있다.

'지금 왜 싸우고 있는 거지? 싸움의 발단이 된 최초의 원인은 어디로 간 거야?'

본질을 놓치면 사소한 것으로 싸우게 된다.

주제를 놓치면 회의가 길어진다.

핵심을 놓치면 엉뚱한 방향으로 가게 된다.

먼저, 문제가 무엇인지 정확히 파악합시다!

긍정의 비밀번호를 만들자

기능의 첨부 ····▶ 숫자 비밀번호 ····▶ 다이얼 비밀번호

자동차가 처음 나왔을 때에는 열쇠가 없었다. 자신이 갖지 못한 물
건에 애착을 갖는 것과 같은 인간의 욕심이 남의 것을 훔치게 한 건 아
닐까? 훔치는 자가 있으면 방어하려는 사람은 점점 더 강력한 자물쇠
를 만들어 내게 될 것이다.

요즘 사무실 출입구에 많이 사용하는 지문 인식 자물쇠, 영화에 많
이 등장하는 안구 인식 자물쇠, 스마트폰을 타인이 사용하지 못하게
하는 스마트폰 잠금장치와 비밀번호, 각종 인터넷 사이트의 아이디와
비밀번호, 집에서 사용하는 디지털도어 비밀번호, 사무실 현관 디지털

도어 비밀번호, 통장 비밀번호 등.

나는 다이어리 한 페이지에 비밀번호만 적어둔 곳이 있다.

그 종이를 잃어버리면 어떻게 될까?

작년에 네이트온 해킹 사건이 있었다. 그 사건 이후 네이트온에 로그인 했더니 비밀번호를 바꾸라는 팝업 메뉴가 떴다. 마침 기사를 보고 불안해하던 차에 비밀번호를 변경하였더니, 이번엔 또 이런 안내 메시지가 떴다.

"비밀번호 보안 약함. 좀 더 강하게 바꿔주세요."

나는 좀 더 길고 어려운 비밀번호로 바꾸었는데,

"다른 비밀번호로 바꾸면 보완이 확실합니다. 더 강하게 바꾸시면 좋습니다."

는 안내 메시지가 나왔다.

'그래. 이왕 바꾸는 거 초강력으로 바꿔 보자.'

이리저리 궁리하다가 '도저히 이런 비밀번호는 없겠지'라고 생각되는 비밀번호로 변경하였다. 그런데, 그 비밀번호를 적어 두지 않은 것이 문제였다. 네이트온 메신저를 사용하기 위해 다음 날 로그인을 하려는데 비밀번호가 생각나지 않았다.

지금 나는 네이트온을 사용하지 않는다.

발상의 전환 1

긍정의 비밀번호를 만들자.

교회에 다니는 한 고등학교 1학년 학생이 집에서 사용하는 컴퓨터에 비밀번호를 걸어 두었다. 그 학생의 아버지가 컴퓨터를 쓰기 위해 컴퓨터를 켰는데, 비밀번호가 걸려 있어서 컴퓨터를 쓸 수가 없었다.

그래서 아들에게 비밀번호를 물었더니 쭈뼛쭈뼛하면서 가르쳐 주지 않았다. 한참을 다그쳐 묻자, 아들이 대답했다.

"목사님 이름이에요!"

그 학생은 담임 목사님의 이름을 비밀번호로 사용하고 있었다.

예전에 내가 운영하던 사이트에 회원 한 명이 전화를 했다. 열일곱 살 여학생이었다. 비밀번호를 잊어버렸는데 어떻게 하면 좋겠느냐는 전화였다.

"아이디가 어떻게 되세요?"

라고 물었더니 그 여학생은 선뜻 대답을 하지 못했다. 한참 후에야 기어들어가는 목소리로 이렇게 말했다.

"영어 자판에 놓고 한글로 '다 죽인다'고 치시면 돼요."

"……."

발상의 전환 2
꿈 열쇠를 만들자.
내 꿈을 기록해 둔 상자의 자물쇠를
열 수 있는 열쇠를 연인에게 선물하자.

예전에 의사, 변호사와 결혼하려면 열쇠 세 개를 준비하라는 말이 있었다. 열쇠 세 개는 집, 자동차, 병원이나 사무실 열쇠를 의미한다. 최근에는 별장과 금고가 추가되어 열쇠가 5개로 늘었다고 하는 우스갯소리도 있다. 그 정도 돈이면 조건을 떠나 정말 사랑하고 마음이 통하는 사람과 충분히 행복하게 살 수 있을 텐데, 왜 그러지 않는 걸까?

여자들이 들고 다니는 명품 가방을 보다가 이런 생각이 들었다.

'남편감도 명품을 찾고 있구나. 남들에게 보여 주기 위해서.'

우정의 열쇠를 만들자.
신뢰의 열쇠를 만들자.

큰아들이 고등학교에 다닐 때 교과서를 사겠다고 돈을 달라고 한 적이 있었다.

"아니, 참고서도 아니고 문제집도 아니고 교과서를 왜 사?"

"잃어버렸어요."

"교과서를? 어디 두었는데."

"사물함에요."

친구의 교과서를 훔쳐가는 세상. 과연 이 아이들은 우정을 어떻게 생각할까? 다른 교과서를 한 번 더 잃어버린 후에 나는 아들에게 이렇게 말했다.

"자물쇠를 사서 잠궈 두거라."

나도 세상을 점점 신뢰하지 못하는 사람으로 변해 가고 있다.

지하철역까지 자전거를 타고 간 다음 자전거는 전철역 보관함에 세워 두고 지하철을 이용하여 출퇴근을 몇 달간 했었다.

어느 날 퇴근길에 보니 자전거는 사라지고 자물쇠에 묶여 있는 자전거 바퀴 하나만 덩그러니 남아 있었다. 차라리 다 가지고 가지……. 썰렁하게 남은 바퀴 하나가 생각나면 아직도 마음이 불편하다.

이 세상에는 얼마나 더 튼튼한 자물쇠가 나와야 하는 걸까?

발상의 전환 4

가진 것을 수치화하지 말자.

미국의 인터넷 서비스업체인 AOL은 인터넷보안업체 스플래시데이
터를 인용해 2011년 최악의 비밀번호 25가지를 선정해 공개했다.

1위 = password(비밀번호)

2위 = 123456

3위 = 12345678

4위 = 자판 가장 위쪽 왼쪽부터 나란히 있는 알파벳 'qwerty'

기타 = 'abc123', 'monkey', 'baseball', '111111', 'iloveyou',
'123123', '654321' 등.

이번에 선정된 최악의 비밀번호는 스플래시데이터가 해커들이 훔쳐
낸 후 온라인상에 올려놓은 수백만 건의 비밀번호가 담긴 파일들을 파
악해 해커들이 가장 쉽게 접근할 수 있는 것들을 골라낸 것이다. 그러
고 보니 사무실에서 사용하는 내 컴퓨터 비밀번호가 '1234'군. 이제 바
꿔야겠다.

지킬 게 없으면 자물쇠를 사용하지 않을까?
하드웨어에 저장된 것이 없다면
비밀번호를 걸어 두지 않을까?
도둑도 외출할 때 문단속을 할까?

시골 의사 박경철은 돈에 대해서 대학생들에게 이렇게 말했다.

"우리 사회엔 왜 10조나 있는 분이 굳이 법정에 들어갈까? 우리는

이해가 안 되는 프로세스죠. 이유는 단순합니다. 돈이라는 것을 추상화해서 기호로 생각하기 때문이죠. 예를 들어 10조를 재화로 생각하면 단팥빵 300억 개, 우유 360억 리터 정도가 됩니다. 그런데 내가 우유 360억 리터를 가지고 있다고 생각하면 가슴이 답답할 거에요. 모터보트를 타고 저 끝까지 도대체 얼마나 가야 우유를 통과할 수 있을까요. 지킬 게 많으면 장벽이 생깁니다. 내가 지킬 게 없고 가진 것이 적을 때는 창고를 만들 필요가 없는데, 지킬 게 생기니까 담장을 둘러야하고, 자물쇠를 채워야 합니다. 그런데 우유 360억 리터를 지키라고 한다면 지키고 싶겠어요? 똑같은 것인데 다르잖아요. 이게 추상화된 화폐의 비극입니다. 화폐를 재화로 생각하지 않고 추상화해서 기호로 생각하기 시작하면 내가 더 가져야 합니다. 항상 숫자가 적어 보이기 때문이지요."

욕심은 결국 자기 자신을 옭아매는 것이다.

모든 정보가 추적되고 있다

바코드는 문자나 숫자를 흑과 백의 막대 기호와 조합한 코드로서 인류가 사용하는 모든 제품에 사용, 응용되는 획기적인 발명이다. 일반적으로 바코드의 크기는 가로 3.73cm, 세로 2.7cm다. 슈퍼마켓의 관리 효율을 높이기 위해 고안되었으며, 고객이 계산대 앞에서 기다리는 시간을 줄이고 판매와 동시에 재고 기록 갱신을 자동적으로 하여 판

식품체인점 업계에서 쉽게 계산하도록 자동으로 상품정보를 읽을 수 있는 시스템을 만들 수 있을까요?

1948년 미국 필라델피아 드렉셀 공과대학의 대학원생인 버나드 실버는 '바코드의 수요가 많겠구나'하고 생각했다.

매시점정보관리(POS system)가 가능해졌다. 보통 13자리로 이루어지며, 1~3 자리는 나라명(한국은 880), 다음 4~7 자리는 제조업체명, 다음 다섯 자리(8~12자리)는 상품명, 끝머리의 한 자리는 판독검증용 기호다. 가격은 별도로 표시된다.

1948년 미국의 버나드 실버는 우연히 식품 체인점 업계에서 자동으로 상품 정보를 읽을 수 있는 시스템을 필요로 한다는 이야기를 들었다. 그는 친구 우드랜드에게 이 시스템의 필요성을 이야기하고 현재의 바코드를 발명해서 1952년 '분류 장치와 방법'이란 특허를 냈다.

그러나 바코드는 20여 년간 무용지물이나 마찬가지였다. 사용되지 못했다. 왜? 시대가 따라와 주지 못했다. 스캔 기술이 발달하지 않아 바코드를 읽어 내지 못했기 때문이었다.

그 후 1973년 미국음식연쇄조합은 세계상품코드(Universal Product Code)를 도입하여 사용했고, 1974년 오하이오에 있는 '마쉬'라는 식료품점에서 최초로 실용화되었다.

너무 앞서가면 안 된다. 미래를 선도할 시너제품은 고객과 사회가 요구하는 수준에서 반 발만 앞서 나가면 된다.

바코드의 미래는 어떻게 바뀔까요?
바코드 다음엔 무엇이 있을까?

QR코드

1차원 바코드의 데이터 용량의 한계를 극복하여, 문자와 숫자, 사진 등의 많은 정보를 작은 사각형 안에 2차원의 심벌로 고밀도화하여 넣은 것이다.

지하철에 가상 점포가 생기고 휴대전화로 바로 결재가 가능해졌다.

농산물, 축산물의 원산지를 판별하고 가짜 양주를 구별할 수 있게 되었다.

편의점에선 바코드를 이용한 후불 결제도 이루어지고 있으며, 신문이나 잡지를 보다가 스마트폰으로 바코드를 스캔해서 기사와 관련된 동영상을 볼 수도 있다.

제품 광고, 영화 소개, 관광 안내, 박물관의 전시품을 바코드 하나로 설명하는 일도 가능해졌다.

전기밥솥을 신형으로 바꾸고 나서 전기밥솥 사용법을 배우고 싶지 않았다. 어쩌다가 사용법을 익혔는데, 지금은 아내가 하는 밥보다 내가 하는 밥이 더 맛있다.

어느 날 아내가 이렇게 말했다.

"세탁기 사용법도 배우실래요?"

난 싫다고 했다. 세탁기는 더 까다롭다. 속옷, 겉옷, 색깔 있는 옷, 오리털 옷……. 자칫 잘못 구별하면 옷이 다 망가질 것 같다.

바코드가 발달한다면 나 같은 사람도 쉽게 사용하는 세탁기가 나오겠지. 옷 안쪽에 붙어있는 바코드를 세탁기에 스캔해서 넣으면 세탁기가 알아서 물 조절, 세제 조절, 시간 조절을 해서 자동 세탁을 해 주는.

2차원(매트릭스) 형식의 코드로, 'QR'이란 'Quick Response'의 머리글자
이다. 1994년 일본 덴소웨이브사가 개발하였으며, 덴소웨이브사가 특허권을
행사하지 않겠다고 발표하여 여러 산업분야에서 활용되고 있다.

냉장고는 바코드를 읽어 식품의 유효기간을 미리 알려 준다.

전자 제품 매장에 가면 '스마트 오븐'을 팔고 있다. 많은 주부들이 가지고 싶어 하는 제품이다. 식품 포장지에 있는 바코드를 스캔하면 오븐이 알아서 가장 맛있는 상태로 조리해 준다. 또는 조리법을 스마트폰에서 오븐으로 전송하면 오븐이 최적의 요리를 마무리한다.

40대 중반이 되면서 눈이 많이 나빠졌다. 라면 봉지나 식품 봉지의 조리 방법을 보려면 잘 보이지 않는다. 이때 스마트폰으로 봉지에 있는 QR코드를 스캔하면 휴대전화에서 조리법을 동영상으로 보여준다. 초보자들도 쉽게 요리할 수 있다.

광고 시장도 변화가 있을 듯하다.

회사가 제공하는 광고가 아니라, 소비자가 참여하는 광고다.

스티커로 제공되는 제품 바코드를 소비자가 자신의 물건에 부착하고 다니면 된다. 부착한 제품을 누군가 보고 구입을 하였을 경우 소비자는 구매 금액의 일부를 광고비로 돌려받는다. 암웨이 같은 네트워크 마케팅 업체는 좀 더 다양한 방식으로 판매가 늘 것 같다.

오늘 생산된 두부 한 모가 어떤 지역을 거쳐, 어디서 팔려서, 누구네 집 냉장고에 3일간 저장되어 있다가 무슨 요리로 사용되었는지 그 모든 정보가 저장되고, 추적된다면…? 무섭다!

편리함 이면에 일상의 비밀이 노출되는 두려움이 공존한다.

"설마 그런 사소한 개인 정보까지 관심가지겠어요?"

그러나 기계를 만든 사람들은 다 안다.

그것이 얼마든지 가능하다는 사실을.

이렇게 수집된 정보는 누가 통제할까?

구글은 '거리 보기' 서비스 준비 작업을 하면서 개인 이메일과 무선 인터넷 정보를 불법적으로 수집했다가 세계 각국으로부터 기소, 제제 를 받았다.

바코드는 더 많은 정보를 담고 있다.
건전한 사용이 우선되어야 한다.

기계와 인간을 구별 짓는 것은
지식이 아니라 지혜입니다!

남성을 상처의 고통에서 해방시키다

남성을 상처의 고통에서 해방시키다!

남성에게 수염은 권위의 상징이었다. 시대가 바뀌어 남성들도 외모를 성공을 위한 수단으로 보고 깔끔한 얼굴을 위해 면도를 하기 시작했다. 그러나 일자형 칼 면도기는 상처가 나기 쉬웠다.

킹 질레트는 좀 더 안전하고 손쉬운 면도 방법을 고민하던 중, 이발사가 이발을 할 때 머리빗을 대고 자르는 데에서 아이디어를 얻어 1901년 안전면도기를 고안하고 1904년 T자형 안전면도기를 만들어 특허를 받았다.

발상의 전환 1 : 면도기에서 면도날을 분리해 내면 안 될까?
발상의 전환 2 : 면도기는 아주 싸게 팔고, 면도날에서 수익을 내자.
발상의 전환 3 : 매일 매일 사용해서 없어지는 제품을 만들어라.

질레트의 면도기는 처음엔 반응이 없었다. 사람들은 생소한 면도기에 호기심만 있었지 실제로 사용하지는 않았다. 그런데 제2차 세계대전이 발발했을 당시 군인들의 감염을 염려한 국방부에서 보급품으로 면도기를 배급하여 사용하게 했다. 이것이 계기가 되어 안전면도기는 세계적인 명성을 얻게 되었다.

힘들더라도 때를 기다릴 줄 알아야 한다.

워런 버핏은 이런 말을 했다.

"매일 밤 전 세계 남성들의 수염이 자랄 것을 생각하니 힘이 난다."

그는 어떤 회사에 투자했을까?

우리 주변에 매일 사용해서 소비해야만 하는 제품에는 무엇이 있을까? 거기에 기회가 있다.

단순해 보이는 면도기이지만 면도기는 기술개발이 가장 치열한 고부가 상품 중 하나이다.

1901년 킹 질레트는 안전면도기를 고안한 뒤 70년이 지나서 이런 아이디어가 떠올랐다.

"칼이 두 개면 더 잘 깎일까?"

1970년 2중 날 면도기가 개발되었다.

1998년 '마하3'라는 3중 날 면도기가 나왔다.

2003년 윌킨스 스워드사에서 4중 날 면도기가 나왔다.

2005년 '질레트는 퓨전'이라는 5중 날 면도기를 만들었다.

2010년 도루코에서 6중 날 면도기를 내놓았다.

한 10년쯤 지나면 면도기 날은 몇 개까지 늘어날까?

면도기로 수염을 깎지 않고 다른 용도로 사용한다면?

시장에서 돼지고기 껍데기의 털을 면도기로 깎는 아줌마를 본 적이 있는데 생활 속에서 사용할 수 있는 또 다른 곳은 어디일까?

상상 = 우리 머릿속에서 창조되는 그림이다!

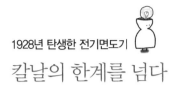

칼날의 한계를 넘다

전기면도기는 1931년 미국의 자코브 시크에 의해 발명되었다. 그 뒤 1939년에 최초의 필립스 전기면도기가 출시되었고, 1951년에 필리쉐이브를 내놓았다.

전기면도기 + 방수
전기면도기는 건식면도기라는 고정관념을 탈피했다.
생각의 틀을 넘어서야 한다.

전기면도기 + 우주공간
제품 성능을 알리는 이벤트를 하라!

필립스는 달 착륙선의 우주인들이 쓸 수 있게 개발된 'Moon shaver'를 개발했다. 필립스전자는 무중력 상태에서 깎인 수염이 우주선 내부를 떠돌아다니다가 호흡기로 들어가는 문제를 자체 개발한 독특한 로터리 방식으로 해결했다. '우주에서도 쓸 수 있는 면도기'는 사람들에게 완벽한 제품이라는 이미지를 심어 준다.

전기면도기 + 칼날의 한계를 넘다.

파라소닉은 5중 날 전기면도기를 만들고, 일본을 중심으로 한국을 포함한 세계 각지의 1,981명이 동시에 전기면도를 하는 이색 기네스 행사를 개최됐다. 후발 주자일수록 다른 방식으로 홍보를 해야 사람들이 기억한다.

여행 중 충전용 배터리가 부족할 때, 전기면도기 배터리를 스마트폰으로, 스마트폰 배터리를 충전기용으로 같이 사용할 수는 없을까?

바쁜 직장인들을 위해 편의점에 위생적인 전기면도기를 설치하고 1회 사용 시 천 원 씩 받는다면 사람들이 이용할까?

기술이 더 발전하고 재료가 좀 더 저렴해진다면 전기면도기도 1회용이 나올까?

전기면도기를 휴대하기 편하게 볼펜 크기만하게 만든다면, 포켓에 꽂고 다닐 수도 있을 텐데…….

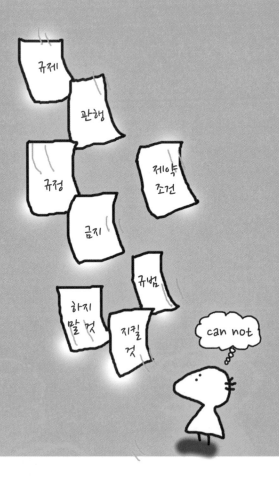

제약이 너무 많아지면 무엇을 '할 수 있는지'가 아니라
'할 수 없는지'를 생각하게 된다.

한 사람이 100명의 일을 하다

1:100

한 사람이 100명의 일을 할 수는 없을까?

어린 시절 〈장고〉라는 영화를 보고 친구들과 산속에서 총싸움을 즐겨 했다. 영화를 몇 번이나 보았는데도 재미있었다. 착한 마을 주민들을 지키기 위해 장고는 혼자서 수십 명의 갱들을 상대한다. 권총 하나로 어떻게 싸울까 몹시 궁금해하던 차에 장고는 항상 가지고 다니던 관 뚜껑을 열었다. 거기에는 그때까지 서부영화에 등장하지 않았던 기관총이 들어 있었다. 기관총 앞에서 갱들은 적수가 되지 못했다. 갱들의 수가 월등히 많아도 이길 수가 있었다. 새로운 무기의 탄생이었다.

혼자서 100명을 상대할 수 있는 제품은
또 무엇이 있을까?

다 좋은데, 케이스가 땅에 안 들어. 바퀴를 달든가 해야지 이거 원 힘들어서……

의사였던 리처드 개틀링 박사는 안철수 교수처럼 의술 대신 공학에 관심이 많았다. 1861년 미국에서 남북전쟁이 시작된 후, 그는 전쟁터에서 부상을 입은 병사들뿐 아니라 질병과 영양 부족으로 고통 받는 병사들도 많이 보게 되었다. 캐틀링은 전쟁에 참여하는 병사들의 수를 줄이기만 해도 수천 명의 목숨을 살릴 수 있다고 생각했다. 그래서 '1:100이 되는 무기는 없을까?'를 고민 한 끝에 1862년 개틀링포를 만들었다.

그가 만든 개틀링포는 미국 남북전쟁 때 전쟁 무기로 처음 등장했지만 정작 전쟁에서는 겨우 몇 자루만 사용되었을 뿐이었다.

현대적 기관총의 시대를 연 사람은 맥심이다. 그가 1883년에 개발한 맥심 기관총은 탄환이 발사될 때 생기는 반동의 힘으로 탄환의 장전·발사, 탄피의 방출 등 일련의 동작이 자동으로 이루어지게 하여 완전 자동 사격을 가능케 하였다. 맥심 기관총의 제대로 된 명칭은 '맥심 수냉식 기관총'이다. 맥심 기관총은 총알을 발사하고 나면 많은 열이 발생했기 때문에, 총의 열을 식히기 위해 물을 사용했다. 수냉식 기관총은 싸움을 하는 전투병 이외에 물을 나르는 군사가 추가로 더 필요했다. 불필요한 낭비였다.

물 대신 공기를 사용하면 어떨까?

그렇게 해서 가볍고 편리한 공랭식 기관총이 만들어졌다.

기관총은 사람을 죽이기 위함인가? 살리기 위한 무기인가?

무엇을 만들든지 발명가의 의도는
바르고 건전해야 한다.

상상은 생명력을 불어넣는 일이다.

사회에 나와서 첫 회사 생활을 같이 했던 선배 한 분이 좋은 직장을 뒤로 하고 경기도 외곽에 목공소를 열었다. 간간이 페이스북에 자신의 작품과 일상사를 올리는데 어느 날 이런 글이 올라왔다.

저희 목공소 간판에 나무 의자를 걸기 위해 어느 가구 회사를 찾아가 여기 저기 버려져 있던 나무 의자 몇 개를 주워 왔습니다. 그 나무 의자 중 세 개는 간판에 걸고, 남은 의자는 땔감으로 쓰려고 구석에 두었습니다. 그런데 어느 날, 버려져 있던 의자들 중 다리가 하나 없어서 쓸모없게 된 의자에 새 다리를 만들어 주어야겠다는 갸륵한 생각을 하게 되었습니다. 때마침 우연히 또 한쪽 구석에서 땔감으로 대기 중이던 나무 하나를 발견하였습니다. 저는 그 나무를 발견한 순간 다리가 하나 없는 나무 의자의 다리로 재격이라고 생각하였습니다. 고된 삶을 살아 왔을 나무 의자가 지닌 삶의 무게를 지탱해주기에 알맞은 재목이라는 생각이 들었기 때문입니다. 저는 그 나무로 의자에 꼭 맞는 다리를 뚝딱 만들어 주었습니다. 그리고 그 나무 의자는 지금도 제 작업실에서 의자 본연의 소임을 다하고 있습니다. 여러분도 삶의 한구석을 든든하게 받쳐 줄 수 있는 의미 있는 다리를 갖고 있나요?

누군가를 살리는 일,
이 사회를 살리는 일은
바로 당신의 상상력에 달렸다.

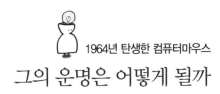

1964년 탄생한 컴퓨터마우스

그의 운명은 어떻게 될까

1952년 캐나다 해군의 군사 비밀 프로젝트인 DATAR(Digital Automated Tracking and Resolving)에 참여했던 톰 그랜스톤, 프레드 롱스태프, 케년 테일러에 의해 발명되었으며, 트랙볼(track ball)이라고 불렸다. 기발한 아이디어였으나 비밀 군사 프로젝트였기 때문에 특허출원 되지는 못했다. 이후 스탠퍼드 연구소의 더글러스 엥겔바트와 그의 동료 빌 잉글리쉬가 1968년에 발명하였고, 생쥐를 닮았다고 하여 마우스로 이름 지었다.

1981년, 제록스가 먼저 상업용 마우스를 생산했다. 그러나 컴퓨터 본체 가격도 비쌌고 제록스 경영진의 의지도 약했기 때문에 사람들은 마우스의 편리성을 인지하지 못했다.

**신제품과 신기술이 있다고 해도
그 가치를 볼 줄 아는 눈이 있어야 한다.**

스티브 잡스는 눈이 있었다. 컴퓨터를 이용할 때 가장 필요한 도구가 될 것이라고 판단한 잡스에 의해서 1984년 애플은 매킨토시 컴퓨터를 통해 마우스를 대중화하였다. 이후 마우스는 볼 마우스, 광 마우스, 에어 마우스, 무선 마우스로 발전하였다.

미국 메타포사에서 1984년에 케이블이 전혀 없는 마우스를 출시했다. 이것은 스위스 로지텍사에서 개발하여 납품한 것으로 최초의 무선 마우스이다.

무선마우스는 유선 꼬리가 없으니까 더 이상 마우스라고 부를 수 없는 걸까?

2002년에 나온 영화 〈마이너리티 리포트〉에서 톰 크루즈가 사용한 마우스는 손가락 마우스였다. 스크린 위에서 손가락만 움직이면 컴퓨터를 자유롭게 사용하는 장면을 연출하였다.

꿈같이 여겨졌던 일들이 현실화되고 있다. 스마트폰, 스마트 패드, 태블릿 PC를 통해서 손가락 터치로 컴퓨터 작동이 가능해지고, 음성으로도 작동하는 시대가 되었다.

태블릿 PC가 일반 PC를 퇴출시키면 마우스의 운명은 어떻게 될까?

새로운 시장에서 살아남기 위해서는 손가락이 못하는 기능을 수행하여야 한다.

마우스에 디자인과 신기능이 추가되어 사용자에게 더 많은 편의성을 제공하여야만 경쟁에서 살아남을 수 있다.

마우스 + 손목질환 = 손목 관절 예방 마우스

마우스 + 터치판 = 마우스에 터치 기능을 추가하여 간단한 터치는
무선 마우스로 편리하게 사용한다.

마우스 + 빔 포인터 = 파워포인트 마우스가 빔 포인터 역할을 한다.

마우스 + 리모컨 = 모든 가전제품을 작동할 수 있는 리모컨 마우스

마우스 + 조립 블럭 = 사무실 마우스를 다 모아서 조립하면 로봇이 된다.

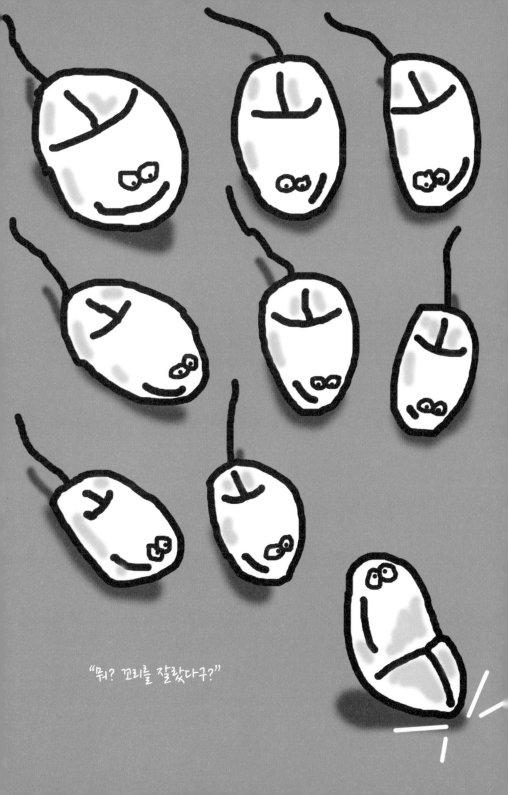

"뭐? 꼬리를 잘랐다구?"

나는 이런 안경을 원한다

초기의 안경은 영국 영화를 보면 많이 나오는 외알 안경이었다. 영국의 베이컨이 1268년 안경을 처음으로 고안하였다고도 하는데, 이후 15세기에 양안경인 콧등 안경이 나왔고, 19세기에 최초의 귀걸이안경이 출시되었다.

한국에는 임진왜란 전후로 들어온 것으로 추측된다. 당시에는 안경을 쓰고 다니면 무례하다고 생각하였다.

안경을 알로 구분한다면 볼록렌즈, 오목렌즈, 다초점렌즈로 나뉘며, 사용 목적에 따라서는 시력을 보정하기 위한 교정안경과 바람, 비, 자외선 등으로부터 눈을 지키기 위한 고글 같은 보호안경으로 구분한다.

안경 + 컬러 = 선글라스

선글라스가 고안된 것은 1885년이라고 하며, 세계 최초의 안경 전문점은 1482년 독일 남부의 도시 뉘른베르크에서 생겼다고 한다.

안경 + 렌즈NO = 알 없는 안경

요즘은 젊은이들은 알이 없는 안경을 쓰고 다니기도 한다. 이처럼 안경은 점차 패션화되어 가는 경향이 있다.

안경 + 3D = 입체 안경

아바타 영화 이후 전 세계는 입체영화와 3D TV 열풍이 불고 있다.

당분간 입체 안경 시장도 호황을 맞을 듯하나, 무안경 입체영화와 무안경 3D TV가 나오게 되면 그 수요는 줄어들 것 같다.

나는 이런 안경을 원한다.

안경 + 안구인식 = 안구(홍채)인식 보안 안경

안경을 쓰는 순간 안경이 자동적으로 홍채를 인식해서, 주인임을 판단하고 주인의 정보를 무선으로 현관문, 컴퓨터, 휴대전화에 전달하여, 현관 앞에 서는 순간 자동으로 문이 열리고, 각종 컴퓨터 사이트는 자동으로 로그인되며 휴대전화는 비밀번호를 누를 필요 없이 바로 사용할 수 있게 되면 좋겠다.

또한 홍채 인식을 통한 모든 정보를 안경테가 관리하기 때문에 신용카드를 무선으로 결제하고, 지하철과 버스를 탈 때 교통카드를 가지고 다니지 않아도 자동 결제된다. 그 안경을 다른 사람이 쓰면 인식이 되지 않기 때문에 안경을 훔쳐가도 사용할 수가 없다. 그리고 모든 문자 메시지는 휴대전화를 사용하지 않아도 안경을 쓴 채로 안경알에 떠오르는 문자를 통해 바로 확인할 수 있다.

안경을 쓰면 더 잘 보이는가? 얼마나 잘 보이는가?

쓰기 전과 쓰고 난 이후 세상이 다르게 보이는가? 상대의 영혼도 보이는가?

영혼이 보이는 안경!
이제 더 이상 속이거나 사기 칠 수 없다. 거짓 사랑도 할 수 없다.
당신의 진심이 드러나기 때문이다.

내 인생의 상비약은?

아스피린(aspirin)이라는 명칭은 1820년대 조팝나무(spirea)과의 식물 버드나무에서 아세틸살리실산(acetylsalicylic 酸)을 추출하여 아세틸의 머리글자인 'a'에 조팝나무의 'spirea'를 합쳐 만들어졌다.

해열제 · 진통제 · 항류머티즘제로서, 감기 · 두통 · 발열 · 오한 · 신경통 · 관절통 · 요통 · 류머티즘 등에 쓰인다. 1853년 독일에서 처음으로 제조되어 1899년 바이엘사에서 가루 형태로 시판되었으나 1915년부터는 현재의 알약 형태로 판매되기 시작하였고, 전 세계 인류가 가장 많이 먹는 약으로 기네스북에 등재되었다.

꽃병에 아스피린을 넣어 두면 꽃이 덜 시든다고 하는데 정말인지 해 보아야겠다. 여행갈 때 챙기는 두 가지 약이 있다. 아스피린과 비타민 제다. 그리고 가정 상비약으로 대부분의 집에는 아스피린이 항상 준비되어 있다.

내 인생의 상비약은 무엇일까?
내 정신의 상비약은 준비되어 있는가?
준비되어 있지 않다면 어떻게 해야 하는가?